Horse, Follow Closely

GAWANI PONY BOY

Gabrielle Boiselle

KOSMOS

Horse, Follow Closely

NATIVE AMERICAN HORSEMANSHIP™

INDIANISCHES PFERDETRAINING – GEDANKEN UND ÜBUNGEN

Amerikanische Originalausgabe erschienen 1998 bei BowTie Press™ ,
Irvine, California 92 618 (ISBN 1-889540-22-6), unter dem Titel
„Horse, Follow Closely“

Die Deutsche Bibliothek – CIP-Einheitsaufnahme

Horse, follow closely : indianisches Pferdetraining – Gedanken und
Übungen ; native American horsemanship / GaWaNi Pony Boy ;
Gabrielle Boiselle. [Aus dem Amerikan. übers. von Sigrid Eicher]. –
Stuttgart : Kosmos, 1999
Einheitssacht.: Horse, follow closely <dt.>
ISBN 3-440-07957-0

Aus dem Amerikanischen übersetzt von Sigrid Eicher
Für die deutschsprachige Ausgabe:

ISBN 3-440-07957-0
Lektorat: Alexandra Haungs
Herstellung: Siegfried Fischer, Stuttgart
Printed in Germany / Imprimé en Allemagne
Satz: Typomedia Satztechnik GmbH, Ostfildern
Druck und Bindung: Westermann Druck Zwickau GmbH, Zwickau

WIDMUNG UND DANK

Dieses Buch ist Blaise und Riana gewidmet und Wirklichkeit geworden dank unserem Schöpfer.

—GaWaNi Pony Boy

Für meinen Großvater, einen geduldigen Mann und bekannt für seine Fähigkeit, mit Pferden zu sprechen, und für meinen Vater, einen begabten Fotografen.

—Gabrielle Boiselle

Mein Dank gilt Babbit Ranches, CO Bar Ranch, Frank und Maxie Davies von der Flying Heart Barn, Flagstaff, Arizona, der Familie Howell, K & K von den Rocking Horse Stables, der Familie Lang, dem Trexler Lehigh County Game Preserve und C & A von THE FARM. Besonders bedanken möchte ich mich bei Ruth und Lisa, Sharon und Amy, der Assemblies Group, Inc. und vor allem bei Gabrielle Boiselle, deren kreativer Blick die Bilder in diesem Buch mit Leben erfüllte. **—GaWaNi Pony Boy**

Die Zeit mit GaWaNi war etwas ganz Besonderes. Wir konnten uns nahezu ohne Worte verständigen, wir fühlten zusammen den Herzschlag der Natur und genossen jeden Augenblick während der Aufnahmen. Danke, GaWaNi, für diese Erfahrung. Außerdem möchte ich mich bedanken bei Andrea Morell. **—Gabrielle Boiselle**

INHALT

Einführung

Ein Indianer und sein Pferd – für viele der Inbegriff des Reiters überhaupt. Das Urbild eines Pferdemenschen, dessen Fähigkeiten und dessen Intuition sich nicht auf die Stunden beschränken, die er im Sattel verbringt.

Um unsere Beziehung zum Pferd zu verstehen, müssen wir zuerst die Beziehung verstehen, die uns mit dem gesamten Tierreich verbindet. Direkt oder indirekt nimmt der Mensch Einfluß auf alle anderen Spezies unseres Planeten, auch auf solche, mit denen er nicht unmittelbar in Berührung kommt. Jede unserer Handlungen hat Auswirkungen auf alles, was lebt, und darin besteht unsere Verantwortung. Indianer wußten darum. Für sie waren alle Spezies miteinander verwandt. Sie wußten aber auch, daß eine wirkliche Verbindung zu allem, was uns umgibt, nicht möglich ist ohne eine gewisse Ebene der Wahrnehmung.

Es verwundert daher nicht, daß es in jedem Stamm Geschichten und Erzählungen gibt, die von der Beziehung des Menschen zu anderen Lebewesen handeln. Indianer lebten mit Tieren und waren ein Teil ihrer Umwelt. Tiere waren Gefährten, Gegner, Führer, Berater und Vorbilder.

Die meisten Stämme betrachteten Tiere als ihre Lehrer und die Stammesältesten als deren Schüler. So lernten die Medizinmänner von den Tieren, welche Pflanzen eßbar und welche giftig waren. Die Tiere vermittelten Einsichten in die Jahreszeiten, die Notwendigkeit der Wanderungen und die Weisheit der Natur.

Indianer glaubten, daß Tiere regelmäßig miteinander und manchmal auch mit Menschen sprechen. Viele der großen Medizinmänner der Vergangenheit rühmten sich, mit der einen oder anderen Tierart gesprochen zu haben. Entscheidungen, die den ganzen Stamm betrafen wurden oft aufgrund von Botschaften getroffen, die ein bestimmtes Tier einem Stammesältesten oder geistigen Führer zukommen ließ. Jahrhundertelang haben Naturvölker ihr Leben und ihre Entscheidungen abhängig gemacht von Botschaften, die sie aus der Natur oder aus dem Tierreich empfingen.

Erst heute, in unserer technologisch so fortgeschrittenen Kultur – in der wir meist nur glauben, was wir sehen, beweisen und erklären können –, wird eine Verständigung zwischen Mensch und Tier als unmöglich oder lächerlich betrachtet. Und doch ist die Dr.-Doolittle-Philosophie gar nicht so weit hergeholt. Unzählige Reiter kennen das Phänomen, daß ihre Pferde genau das tun, was sie gerade dachten, und zwar im selben Augenblick und ohne Körper- oder Stimmhilfen. Diese vielen Pferdebesitzer sind nicht übersinnlich begabt, sind keine Gurus oder mächtigen Medizinmänner. Sie verstehen einfach nur die Beziehung, die sie mit ihrem Pferd verbindet. Die Beziehung zwischen Mensch und Tier ist das Thema vieler indianischer Legenden. Pferde kommen darin nicht sehr häufig vor, weil sich der Kontakt zwischen Indianern und Pferden auf wenige hundert Jahre beschränkte. Als die ersten Pferde auftauchten, hielten manche Stämme sie für unsterblich und hatten Angst vor ihnen. Viele hielten sie für eine Art große Hunde. Einige merkten anfangs nicht, daß es sich bei Reiter und Pferd um zwei getrennte Lebewesen handelte. Einige sahen sie als Nahrungsquelle, während andere sofort ihren Nutzen für die Jagd erkannten. So gesehen ist das Geschick und das Können, das die Indianer mit Pferden entwickelt haben, nur um so bemerkenswerter.

Wie wurden Pferde Teil des indianischen Lebens? Dazu müssen wir zunächst wissen, wie die Pferde nach Nordamerika kamen.

Indianer trifft Pferd

Vor fast vierzig Millionen Jahren, lange bevor der Mensch auftauchte, gab es Pferde in Amerika. Im Laufe der Jahrtausende wanderte *Equus caballus*, der Vorfahr des modernen Pferdes, über die Landbrücke, die damals noch Nordamerika mit Sibirien verband, nach Asien ein. Dort entwickelte sich *Equus caballus* innerhalb seiner sich wandelnden Umwelt weiter. Schmelzende Gletscher setzten periodisch die Landbrücke unter Wasser, so daß weitere Wanderungen von Landtieren unterbunden wurden. Irgendwann vor 600 000 bis 1 500 000 Jahren, als sich das Wasser der Beringsee zu massiven Schichten von Inlandeis verdichtete, wanderte das moderne Pferd von Asien zurück nach Nordamerika.

Am Ende des Pleistozäns, vor etwa 10 000 Jahren, verschwand das Pferd mysteriöserweise wieder, zusammen mit vielen anderen Säugetierarten. Der Grund für dieses Massensterben ist unbekannt. Jedenfalls gab es von da an bis zur Mitte des 16. Jahrhunderts keine Pferde mehr in Nordamerika.

Ende des 16. Jahrhunderts und im 17. Jahrhundert brachten die spanischen Eroberer immer wieder Pferde mit auf den Kontinent. Christoph Kolumbus, Ponce de Leon, Vasquez de Ayllon, Panifilo de Narrvarez, Alvar Nunez Cabeza de Vaca, Antonio de Mendoza, Hernandez de Soto – sie alle erforschten die Neue Welt zu Pferd. 1540 führte Francisco Vasquez de Coronado, der 29jährige Gouverneur der nördlichsten Provinz von Mexiko, ein Kontingent von 250 Reitern, 2 500 Nahuatl-Azteken und Afrikanern, 500 Lasttieren und 1 000 Pferden – meist Wallache, keine Hengste – nordwärts in den Südwesten Amerikas, ins Land der Zunis.

Die Spanier waren Bürokraten. Sie führten genau Buch und hielten jeden Warenaustausch schriftlich fest. Das Pferd war ein bedeutender Bestandteil ihrer Kultur. Kam ein Pferd um, wurde dies in den Büchern verzeichnet. Und doch gibt es keinen Hinweis darauf, daß auf Coronados vergeblicher Expedition auch nur eines der Pferde entlaufen wäre.

Ebensowenig gibt es Beweise dafür, daß mit den Pferden gezüchtet wurde. Viele der spanischen Pferde endeten dagegen im Kochtopf, oder ihre Haut wurde als Bootsbespannung verwendet.

Um 1600 tauchten die ersten Stuten und Hengste in der Gegend des nördlichen Rio Grande auf, wahrscheinlich gekauft von Spaniern in Nordmexiko. Bei Santa Fe wurden Fohlen aufgezogen und in die Prärienationen verkauft. Nach dem erfolgreichen Pueblo-Aufstand 1680 war es für die Indianer im Südwesten nicht mehr schwer, an Pferde in großer Anzahl zu kommen. Mit Pferden wurde gehandelt, und verwilderte Pferde wanderten nordwärts, bis sie 1710 die Blackfeet in Kanada erreichten.

Die ersten Pferde, die mit den Spaniern nach Nord- und Südamerika kamen, waren spanische Berber. Dieses „Pferd der Eroberer" – klein (um 1,45 m), kurz, stämmig und robust – war zuerst von den Mauren nach Spanien und von dort in die Neue Welt gebracht worden. Es war berühmt für Trittsicherheit, Ausdauer und die Fähigkeit, sich sein Futter selbst zu

suchen. Die ersten Pferde, mit denen die Indianer des Südwestens und der Prärien Bekanntschaft machten, waren Berber oder Berberkreuzungen.

Ausgang des 17. und im Laufe des 18. Jahrhunderts brachten Franzosen und Engländer ihre Rassen nach Nordamerika. Darunter waren auch Kaltblüter wie der Suffolk Punch, der Avelignese, der Boulonnais und der Percheron. Diese Pferde wurden mit den Berbern gekreuzt und ergaben das, was man heute unter dem Begriff „Mustang" zusammenfaßt.

Im Laufe der Zeit wurde Mustang mit Wildnis gleichgesetzt. Das Wort „Mustang" entwickelte sich aus dem spanischen *musteno*, das Streuner bedeutet. Die meisten wildlebenden Pferde in Nordamerika sind keine Wildpferde, sondern verwilderte Pferde – entlaufene domestizierte Pferde, die in der Wildnis überlebten.

Die Wiedereinführung des Pferdes nach Nordamerika, die Mitte des 16. Jahrhunderts begann und im 17. Jahrhundert bedeutende Ausmaße erreichte, hatte einen starken Einfluß auf den westlichen Teil des Kontinents. Die Pferde veränderten durch ihr Grasen nicht nur das Ökosystem, sie brachten im Gefolge auch europäisches Saatgut mit, Parasiten, Pilze und Krankheiten. Um 1700 hatten eingewanderte Pflanzenarten in den Great Plains, den Prärien, die Oberhand gewonnen.

An der Ostküste wurden Pferde hauptsächlich als Arbeitstiere eingeführt, und obwohl sie eine große Erleichterung im Ackerbau bedeuteten, hatten sie bei weitem nicht den Einfluß auf die Menschen und die Umwelt wie die Pferde im Westen.

Der Einfluß des Pferdes auf das indianische Leben

Vor der Ankunft des Pferdes hatten die Indianer mindestens vierzehntausend Jahre lang den Hund in ihrem Alltagsleben eingesetzt. Er wurde wegen seiner Treue geschätzt, half bei der Jagd und transportierte ihre Habseligkeiten. Obwohl die Indianer nie echte Nomaden waren, wanderten einige Stämme doch je nach Jahreszeit vom Sommer- zum Wintercamp und zurück. Für diese Wanderungen wurden zwei lange Stangen gekreuzt und am Rücken des Hundes befestigt. Auf diesem Travois wurden die Besitztümer der Familie festgebunden.

Hunde hatten als Packtiere jedoch ihre Nachteile. Mehr als dreißig bis vierzig Pfund konnte ein Hund nicht ziehen und mehr als sechs oder acht Meilen pro Tag nicht bewältigen. Hunde brauchten Fleisch, sie kämpften oft miteinander, und wenn ihnen ein Kaninchen über den Weg lief, konnte es vorkommen, daß sie samt ihrer Last auf und davon rannten.

Sie halfen bei der Jagd, aber auch hier waren ihre Fähigkeiten und Einsatzmöglichkeiten begrenzt. Ein Hund konnte es nicht mit einem Büffel aufnehmen und war nur für die Jagd auf Kleinwild zu gebrauchen.

Es war nur natürlich, daß viele Indianer beim ersten Anblick von Pferden an große Hunde dachten. Die Stämme nannten sie Großer Hund, Medizinhund, Elchhund, Geisterhund oder Geheimnisvoller Hund.

Die Indianer sahen in einem Pferd aber auch sofort die Möglichkeit, sich das Leben leichter zu machen. Ein Pferd konnte zweihundert Pfund auf dem Rücken tragen und dreihundert Pfund auf dem Travois schleppen. Es bewältigte dreißig Kilometer und mehr am Tag und fraß nur Gras. Und die Pferde waren untereinander friedfertig. Einmal gezähmt, waren Pferde zuverlässiger, einfacher zu handhaben und anspruchsloser als Hunde.

Das Pferd eröffnete viele neue Möglichkeiten. Auf dem Pferderücken konnten sich die Indianer ihrem Jagdwild als Vierbeiner nähern. Die größere Schnelligkeit erhöhte vor allem die Chancen auf Jagdglück bei der Büffeljagd. Sie konnten ihre Jagdgebiete beträchtlich vergrößern, weil sie nun die Bisons verfolgen und so mehr von ihnen erlegen konnten.

Indianer waren einfallsreich. So setzten sie reiterlose Pferde als „Läufer" ein. Diese waren darauf trainiert, eine Büffelherde in die Richtung zu treiben, wo die Jäger sie auf dem Rücken frischer Pferde erwarteten.

Pferde stellten auch ein beliebtes Tauschmittel zwischen den Stämmen dar. Pferde wurden regelmäßig gehandelt und gestohlen und entwickelten sich bei den Völkern, die sich ihrer bedienten, schnell zu einem Statussymbol. Die Häuptlinge versuchten, so viele Pferde wie möglich in ihren Besitz zu bringen. Ein Stamm von zweitausend Comanchen besaß fünfzehntausend Pferde! Einige Häuptlinge besaßen persönlich mehr als tausend Pferde. Andere Häuptlinge legten Wert auf die besten und schnellsten Pferde, nicht unbedingt auf die größte Anzahl.

Viele Stämme entwickelten ausgefeilte Zuchtprogramme und praktizierten die Kastration, um zu verhindern, daß sich unerwünschte Eigenschaften weitervererbten. Abgesehen vom Gewinn aus ihren Zuchtprodukten konnten die Indianer nun auch auf viel größere Entfernung Handel treiben und viel schneller umherziehen, so daß sie ihren ärgsten Gegner nicht mehr zu fürchten brauchten: das Wetter.

Mindestens zwei Stämme züchteten Pferde auf besondere Eigenschaften hin, was ihren Marktwert beträchtlich erhöhte. Die Nimipu – ursprünglich zu den Palouse gehörig, aber dann im Osten als eigenständiger Stamm zu Hause – erhielten für ihre Zuchtprodukte mehr als fünfmal soviel wie für ein anderes Pferd. Ihre gefleckten Pferde wurden erst Palouse genannt, woraus sich der Name entwickelte, unter dem wir sie heute noch kennen: Appaloosa.

Die anderen erfolgreichen Züchter waren die Cayuse. Schön waren die Cayuse-Pferde nicht, aber sehr schnell. Deswegen waren sie später beim Pony Express beliebt. Noch später bezeichnete der Ausdruck „Cayuse" ein wildes, unreitbares Pferd.

Jeder Stamm, jeder einzelne Reiter bevorzugte andere Eigenschaften. Manche hätten nie einen Schimmel geritten. Für andere kamen Rappen nicht in Frage. Einige verwendeten zur Jagd keine Stuten. Für manche waren Pferde mit blauen Augen tabu, für andere waren sie Botschafter. Letztendlich aber war das Temperament des Tieres entscheidend.

Es gibt heute spektakuläre Verbindungen zwischen Pferden und ihren Reitern, aber keine reicht an die Beziehung heran, die einen Indianer mit seinem Kriegspferd oder vielmehr Kriegspony verband.

Das Kriegspony

Die meisten Stämme hielten ihre Pferde nicht in Korrals oder Zäunen, mit einer Ausnahme: das Kriegspony (Pony wurde es von den Franzosen und Engländern genannt wegen seiner geringen Größe im Vergleich zu den riesigen europäischen Zugpferden). Die meisten Krieger hielten ihre Pferde oder Ponys angebunden oder gehobbelt jederzeit nah bei ihrem Zelt. Manche brachten sie bei schlechtem Wetter sogar mit ins Zelt, so daß Frauen und Kinder gezwungen waren, anderweitig Unterschlupf zu finden.

Das Kriegspony wurde ausgewählt aufgrund von Schnelligkeit, Geschicklichkeit, Trittsicherheit, Mut, Sensibilität, Ausdauer und Zuverlässigkeit, vor allem aber wegen seines Temperaments. Es mußte „Nerven aus Stahl" haben und seinen Reiter „wiederauffangen", wenn er das Gleichgewicht verlor. Es mußte schnell sein wie der Wind und lautlos abwarten können, bis es einen neuen Befehl erhielt. Vor allem mußte ein Kriegspony zuverlässig sein. Fehler konnten im Krieg das Leben kosten. Der Krieg war einfach kein Ort für unzuverlässige Pferde.

Das klingt nach einem unerreichbaren Ideal, aber zuverlässig muß jedes Pferd sein, dessen Reiter danach strebt, mit seinem Pferd eine Einheit zu bilden. Als die Indianer begannen, Pferde zu nutzen, wurde ihnen bald klar, daß ihr Erfolg und sogar ihr Überleben von der Beziehung abhing, die sie zu ihrem Pferd aufbauten.

Kriegsponys wurden von ihren Reitern ausgebildet, manchmal jahrelang. Im Rückblick mag es uns erscheinen, als ob die Menschen damals mehr Zeit gehabt hätten, um mit ihren Pferden zu arbeiten. Keineswegs. Sechzehn bis achtzehn Stunden am Tag arbeiten, um zu überleben, bedeutet nicht gerade Freizeit. Mit einem Vierzig-Stunden-Job verfügen Sie heute wahrscheinlich über doppelt soviel Zeit für Ihr Pferd wie ein Durchschnitts-

indianer damals. Diese Reiter wußten: Ohne ein gesundes Arbeitsverhältnis zu ihrem Pferd brauchten sie gar nicht erst in den Krieg zu ziehen.

Sich mit seinem Pferd zu verständigen war eine der wertvollsten Fähigkeiten, die ein Indianer entwickeln konnte. Krieger galten oft als anmaßend oder ungesellig, weil sie dieser Beziehung soviel Wert beimaßen. Die meisten häuslichen Streitereien sollen wegen des Kriegsponys ausgefochten worden sein.

Wenn es Ihnen gelingt, mit Ihrem Pferd annähernd die Beziehung aufzubauen, die einen Indianer mit seinem Pony verband, werden auch Sie vielleicht süchtig nach dieser Verbindung. Das Kriegspony war Kamerad, bester Freund, Geistesbruder und Lehrer. Vor allem war es *kola*: ein Freund, mit dem man vielen Gegnern die Stirn bieten kann. Das Wort *kola* wird normalerweise nicht für Tiere verwendet, sondern ist für menschliche Mitstreiter reserviert. Die Verwendung dieses Begriffs für ihr Pferd zeigt, daß Indianer ihrem Kriegspony den gleichen Status einräumten.

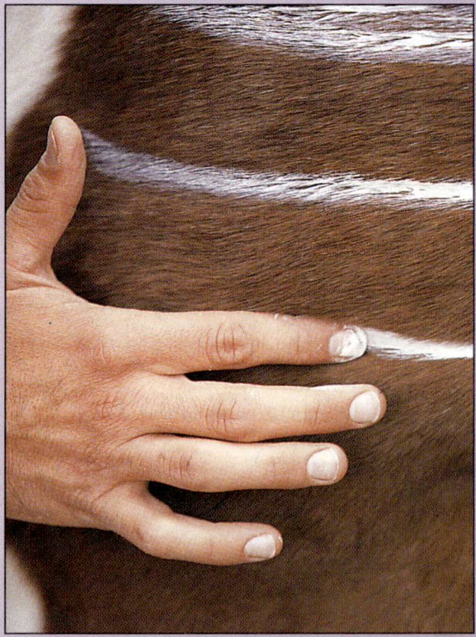

Pferde schmücken und bemalen

Indianer bemalten ihre Pferde mit bestimmten symbolischen Medizinfarben, um ihre Feinde einzuschüchtern, ihren Pferden im Krieg Kraft und Mut zu verleihen und die Heldentaten von Reiter und Pferd anzuzeigen.

Die Medizinfarbe bestand aus verschiedenen natürlichen Pigmenten: Asche für Weiß oder Grau, Holzkohle für Schwarz, Beeren für Rot, Blau oder Purpur, Ocker für Gelb. Diese Bestandteile wurden mit Wasser oder Tierfett vermischt. Prärieindianer bemalten sich selbst oft mit den gleichen Symbolen, die sie auf die Flanken und Hälse ihrer Pferde malten. Sie waren unter anderem Zeichen für Medizinmänner, für Trauer oder einen Überfall.

Kriegsbemalung war wie ein Abzeichen oder eine Medaille für besondere Heldentaten. Jedes Symbol hatte seine Bedeutung, die allen Mitgliedern der Reitervölker bekannt war. Ein Kreis um das Pferdeauge sollte dem Pferd mehr Scharfblick verleihen. Umgekehrte Hufeisen zeigten die Anzahl der Überfälle, an denen der Reiter teilgenommen hatte. Eine Art Schlüsselloch, angebracht von einem Medizinmann oder geistigen Führer, war ein Schutz- und Segenszeichen. Die Abdrücke einer Hand zeigten an, wie viele Feinde der Reiter im Kampf Mann gegen Mann, ohne den Einsatz von Waffen, getötet hatte. Horizontale Linien übereinander standen für *Coups*.

Ein *Coup* (französisch: Schlag, Stoß) bedeutete, daß man jemand dadurch entehrte, daß man ihn berührte. Der Glaube, daß etwas von der Seele und der Kraft, dem Mut und der Energie des Feindes auf denjenigen überging, der ihn berührte, veranlaßte die Krieger dazu, jede Gelegenheit zu einem Coup auszunützen. Der Feind wurde nicht unbedingt anschließend getötet; oft war es nur eine Warnung, das fremde Territorium zu verlassen.

Die Indianer flochten auch Dinge in die Mähnen und Schweife ihrer Pferde. Eine Strähne des eigenen Haars, in die Pferdemähne geflochten, verband beide Seelen zu einer Einheit. Die Feder eines Adlers, Falken oder Habichts verliehen dem Pferd dessen Schnelligkeit und Geschicklichkeit.

Beziehungstraining

Ich hatte schon viele Pferde und viele Reiter ausgebildet, als mir ein bestimmtes Muster auffiel. Obwohl die Reiter ihre Pferde gern ritten und gern mit ihnen arbeiteten, gab es immer Probleme. Ob das Pferd nun leicht scheute oder sich nicht verladen ließ – offensichtlich gab es keinen Pferdebesitzer, der nicht das eine oder andere Problem mit seinem Pferd gehabt hätte, das in Ordnung gebracht gehörte.

Als erstes dachte ich an das Verständigungsproblem, das naturgemäß zwischen Mensch und Pferd besteht. Vielleicht konnten die Reiter dem Pferd ihre Absichten nicht so verdeutlichen, daß das Pferd sie verstand.

Ich suchte Rat. Ich dachte nach. Ich versuchte herauszufinden, was ich in meiner Arbeit mit Pferden anders machte. Schließlich dämmerte es mir. Der Grund, warum diese Leute so viele Probleme hatten, war: „Ein Pferd ist ein Pferd!" Nichts anderes. Wenn wir verstehen können, was es heißt, ein Pferd zu sein und wie ein Pferd zu reagieren, dann können wir eine produktivere Beziehung zu Pferden aufbauen.

Indianer wußten, daß ein Pferd ein Pferd ist. Das erklärt, warum sie als Reiter in so kurzer Zeit so erfolgreich wurden. Indianer waren äußerst praktisch veranlagt und hatten ein intuitives Verständnis für die tiefere Bedeutung der Dinge. Indianer sahen das Pferd, schätzten es ab und machten sich ein Bild von seiner Natur, und dann bedienten sie sich dieser Erkenntnisse. Sie versuchten nicht, ein Pferd so zu behandeln wie einen Hund oder einen Menschen, sondern trainierten, ritten und verständigten sich mit dem Pferd innerhalb der Grenzen, die ihnen die Natur des Pferdes setzte.

Mir wurde klar, daß fast jedes Problem (mit Ausnahme von Verletzungen und Erkrankungen) seinen Grund darin hatte, daß die Beziehung zwischen Mensch und Pferd nicht im Gleichgewicht war. Meistens lag es daran, daß die Reiter nicht die Stellung einnahmen, in der die Pferde sie gebraucht hätten. Ein Pferd braucht einen Führer. Hat es diesen nicht, wird es selbst zum Führer. Der Erfolg, den ein Reiter mit seinem Pferd hat, ist proportional zu dem Grad, zu dem er seine Führungsrolle erfüllt.

Ich glaube, daß es vor allem anderen die Beziehung zwischen Mensch und Pferd ist, die über Erfolg oder Mißerfolg entscheidet. In der Welt des Pferdes ist die Herde und seine Beziehung zu den anderen Mitgliedern der Herde die Grundlage, auf der jede seiner Bewegungen und Entscheidungen lebenslang beruht. Die Beziehung zwischen Mensch und Pferd ist der Anfang. Und mit dem Anfang fängt man am besten an.

Beziehungstraining ist mehr als eine Sammlung von Methoden oder Techniken zur Ausbildung von Pferden. Es ist eine Haltung oder ein Glaubenssystem, das sich auf alle reiterlichen Methoden und Techniken anwenden läßt. Es beruht auf zwei grundlegenden Erkenntnissen: Einmal, daß die Verhaltensweisen und Grenzen, denen das Pferd als Herdentier unterliegt, uns die Kommunikation und den Umgang mit ihm erleichtern. Die zweite Erkenntnis besteht darin, daß es wichtiger und produktiver ist, sich auf die Beziehung zwischen Mensch und Tier zu konzentrieren, als auf die Ergebnisse, die wir zu erzielen hoffen.

Das Fundament des Beziehungstrainings ist die Verbundenheit allen Lebens und der Respekt, mit dem wir, als Menschen, den Tieren, die zu unserer größeren Familie gehören, begegnen müssen. Die Vögel in der Luft, die Vierbeiner wie die Fische im Wasser sind unsere Brüder und Schwestern. Wenn wir das verstehen und uns entsprechend verhalten und wenn wir die Verantwortung gegenüber all unseren tierischen Brüdern und Schwestern annehmen, die mit dieser Beziehung einhergeht, dann kann das wirkliche Training beginnen. Denn Training bedeutet nichts anderes als Einstimmung. Einstimmung des Reiters auf das Pferd und des Pferdes auf den Reiter.

Schließlich wird der Büffel verschwinden, und ein
anderes Tier wird seinen Platz einnehmen,
ein glattes Tier mit langem Schwanz und gespaltenen
Hufen, dessen Fleisch euch zur Nahrung dienen wird.
Aber zuerst wird da ein anderes Tier sein, das zu
nutzen ihr lernen müßt.
Es hat einen struppigen Nacken, und sein Schweif
berührt fast den Boden. Seine Hufe sind rund.
Dieses Tier wird euch auf seinem Rücken tragen und
auf vielerlei Art helfen.
Jene Berge dort, eine blaue Vision in der Ferne,
erreicht ihr heute erst nach vielen Tagen,
aber mit diesem Tier seid ihr sehr schnell dort.
Deshalb fürchtet es nicht.

SWEET MEDICINE,
kultureller Führer der Cheyenne

The buffalo will disappear, at last, and another animal will take its place,

a slick animal with a long tail and split hoofs, whose flesh you will learn to eat.

But first there will be another animal you must learn to use.

It has a shaggy neck and a tail almost touching the ground. Its hoofs are round.

This animal will carry you on his back and help you in many ways.

Those far hills that seem only a blue vision in the distance take many days to reach now,

but with this animal you can get there in a short time, so fear him not.

—SWEET MEDICINE, *CULTURAL HERO OF THE CHEYENNE*

1

Hunkapi (hoon-KAH-pee) Allem, was lebt, bin ich verwandt

Man kann Pferde nicht aus der Indianerperspektive verstehen, ohne zuerst zu verstehen, wie Indianer überhaupt ihre Beziehung zu Tieren sehen.

Nach der Mitte des 16. Jahrhunderts verbreiteten sich zwei Vorstellungen unter den Menschen. Die eine war, daß Mensch und Natur nicht verwandt seien, die andere, daß der Schöpfer uns zur Krone seiner Schöpfung auserkoren habe. Wir Indianer wissen, daß diese Gedanken von den Europäern in die Neue Welt gebracht wurden.

Bevor diese Denkweise aufkam, sahen Indianer sich als untrennbaren Bestandteil der Natur, mit dem gleichen Anteil an der Erde wie jeder und alles andere im Universum. Indianer glaubten zwar, sie seien mit der Verwaltung der Erde und ihrer Tiere betraut, nicht aber, daß sie über die Erde herrschen oder sie unterdrücken sollten.

GANZ FUNDAMENTAL BETRACHTET SIND TIERE ENTWEDER JÄGER ODER GEJAGTE. DIESE TATSACHE BESTIMMT MEHR ALS JEDE ANDERE EINZELNE EIGENSCHAFT DIE BEZIEHUNGEN ZWISCHEN den Arten, den Menschen eingeschlossen. Um ein gesundes Arbeitsverhältnis zu einem Tier herzustellen, müssen wir zuerst verstehen, wie dieses Tier uns sieht. Sieht es in uns den Jäger, müssen wir zunächst seine natürliche Furcht und Besorgnis überwinden, damit es uns vertrauen kann. Sieht es uns dagegen als Gejagten, muß es uns erst ein gewisses Maß an Respekt entgegenbringen, bevor eine Beziehung hergestellt werden kann.

Pferde sind Gejagte, Menschen sind Jäger. Menschen sehen aus wie Jäger, benehmen sich wie Jäger, bewegen sich wie Jäger, klingen wie Jäger und riechen sogar wie Jäger. Stellen Sie sich nun vor, Sie seien ein Kaninchen. Da kommt ein Wolf vorbei und möchte, daß Sie ihm vertrauen. Sie wissen sehr wohl, daß Wölfe Kaninchen fressen, und anfangs versuchen Sie, dem Wolf aus dem Weg zu gehen. Dieser Wolf scheint es jedoch ernst zu meinen mit seinen Bemühungen, eine Beziehung zu Ihnen aufzubauen. Die Besorgnis, die Sie in dieser Situation fühlen würden, ist die gleiche, die ein Pferd fühlt, bevor es Ihnen vertraut.

Vom Standpunkt Ihres Pferdes aus gesehen könnten Sie es jederzeit zum Frühstück verspeisen. Wenn Sie sich je über Ihr Pferd geärgert und es

Gluscabi und die Jagdbeute

Abenaki, Nordöstliches Waldland

Vor langer Zeit wollte Gluscabi jagen gehen. Er nahm Pfeil und Bogen und ging in die Wälder. Aber die Tiere sahen ihn kommen und versteckten sich. Gluscabi konnte sie nicht finden. Das gefiel ihm gar nicht. Er ging nach Hause in die kleine Hütte neben dem großen Wasser, wo er mit Großmutter Murmeltier lebte.

„Großmutter“, sagte er. „Mach mir einen Jagdbeutel.“ Also nahm die Großmutter Karibuhaar und machte ihm einen Jagdbeutel. Es war ein feiner Beutel, dicht gewebt und stark, aber Gluscabi warf ihn zu Boden.

„Das ist nicht gut genug, Großmutter“, sagte er. Also nahm sie Elchhaar und machte ihm einen neuen Beutel, groß und stark. Sie kaute Stacheln vom Stachelschwein ganz flach und wob ein Muster hinein, um ihn noch schöner zu machen.

Aber Gluscabi warf ihn weg. „Großmutter“, sagte er, „das ist nicht gut genug“.

„Eh“, sagte Großmutter Murmeltier. „Wie kann ich es dir recht machen? Was für einen Jagdbeutel willst du?“ Gluscabi lächelte. „Ach, Großmutter“, sagte er.

„Mach mir einen aus Murmeltierhaar.“

Also riß sich Großmutter Murmeltier alle Bauchhaare aus (Waldmurmeltiere haben bis heute dort kein Fell) und wob daraus einen Zauberbeutel. Wieviel man auch hineintat, es war immer noch Platz für mehr.

Gluscabi lächelte. „Oleohneh, Großmutter“, sagte er. „Ich danke dir.“ Er ging wieder in den Wald und kam zu einer großen Lichtung. So laut er konnte, rief er: „Hört mich, ihr Tiere. Es wird etwas Schreckliches geschehen. Die Sonne wird verlöschen. Die Welt wird untergehen, und alles wird zerstört.“

Die Tiere erschraken. Sie kamen auf die Lichtung. „Gluscabi“, sagten sie. „Was können wir tun“ Die Welt wird untergehen. Wie können wir überleben?“

Gluscabi lächelte. „Meine Freunde“, sagte er. „Klettert einfach in meinen Jagdbeutel. Dort seid ihr sicher, wenn die Welt untergeht.“

Also kletterten alle Tiere in seinen Beutel. Es kamen die Kaninchen und die Eichhörnchen, und der Beutel dehnte sich und machte Platz. Waschbären und Füchse kamen, und der Beutel dehnte sich noch mehr. Hirsche und Rehe kamen, Bären und Elche, und der Beutel hatte Platz für alle. Bald waren alle Tiere der Welt im Beutel. Gluscabi zog den Beutel zu, lachte und warf ihn sich über den Rücken. Dann ging er nach Hause.

„Großmutter“, sagte er. „Jetzt brauchen wir uns nicht mehr ums Essen zu sorgen. Wenn wir Hunger haben, brauchen wir nur in den Beutel zu fassen.“

Großmutter Murmeltier öffnete den Beutel und sah hinein. Darin waren alle jagdbaren Tiere der Welt. „O Gluscabi“, sagte sie. „Du kannst nicht all diese Tiere im Beutel behalten. Sie werden krank und sterben. Es bleiben keine übrig für unsere Kinder und Kindeskinder. Es ist recht so, daß es schwer ist, sie zu erjagen. Sie zu suchen macht dich stärker, und die Tiere werden klüger und stärker, weil sie sich nicht fangen lassen wollen. Das ist das richtige Gleichgewicht.“

„Kaamoji, Großmutter“, sagte Gluscabi. „So ist es.“ Er nahm seinen Beutel, ging zurück auf die Lichtung und öffnete ihn. „Ihr Tiere“, rief er. „Ihr könnt wieder herauskommen. Die Welt ist untergegangen, aber ich habe sie wieder zurückgebracht.“

Alle Tiere kamen aus dem Zauberbeutel heraus. Sie gingen in die Wälder zurück, und da sind sie heute noch, weil Gluscabi darauf hörte, was Großmutter Murmeltier ihm zu sagen hatte.

angeschrien haben, haben Sie vielleicht erlebt, wie das Pferd sein Gewicht auf die Hinterhand verlagerte, den Kopf hochwarf, Sie aus aufgerissenen Augen betrachtete und versuchte, zur Seite oder rückwärts zu entkommen. In diesem Augenblick hat das Pferd seine Natur als Beute offenbart.

Man könnte glauben, es wäre einfacher, eine Beziehung zu einem Gejagten aufzubauen. Beutetiere fassen schnell Vertrauen, wenn man ihnen zu verstehen gibt, daß man ihnen nichts tun will. Aber da gibt es noch ein weiteres Hindernis, das wir bei einem gejagten Tier überwinden müssen.

Viele Beutetiere sind außerdem Herdentiere und verbringen einen Großteil ihres Lebens damit, ihre Position in der Herde zu verteidigen. Das Verhalten eines Herdentieres, besonders eines mit einer hohen Stellung innerhalb der Herde, kann vom Menschen leicht als Jägerverhalten mißverstanden werden. Solch ein Tier kann angreifen, beißen oder schlagen. In der Herde wird die Rangordnung ständig etabliert und neu etabliert. Die ständige Auflehnung gewährleistet, daß die hohen Positionen auch von wirklich qualifizierten Tieren besetzt sind.

Und nun kommt der Mensch.

Will er eine Beziehung zu einem gejagten Herdentier wie dem Pferd aufbauen, muß der Mensch dem Pferd nicht nur einen Grund geben, sich bei ihm sicher zu fühlen, sondern auch die Stellung des Führers, Alphatieres oder *itancan* in der Herde einnehmen – einer Zweier-Herde, Reiter und Pferd. Das kann schwierig werden.

Wenn Sie je beim Reiten oder Ausbilden das Gefühl hatten, daß das Pferd Ihnen über ist – weil es sich aufspielt oder einfach nicht aufpaßt –, verlieren Sie wahrscheinlich gerade Ihre Stellung als *itancan* Ihrer Zweier-Herde. Dieses Verhalten bedeutet gewöhnlich nur, daß das Pferd sich an seine neue Stellung gewöhnt und sie genießt.

Ganz zu Anfang der Entwicklung Ihrer Beziehung ist es wichtig, daß Sie der Führer sind, den das Pferd erwartet. Wenn Sie mit Ihrem Pferd auf einem Platz oder in einer Halle stehen, wird das Pferd zunächst seine Führerqualitäten aufzeigen wollen und mit hocherhobenem Kopf um Sie herumtraben oder -galoppieren. Wenn Sie ihm nicht folgen, wie es erwartet hat, wird es an seinem Platz in der Herde zu zweifeln beginnen. Es wird Ihnen mehr Aufmerksamkeit schenken, vielleicht ein Ohr in Ihre Richtung drehen, Sie ansehen oder sich umdrehen und vor Ihnen aufstellen. In diesem Augenblick ergreifen Sie die Führung, indem Sie sich auch körperlich in die entsprechende Position begeben. Gehen Sie vor dem Pferd her in der Erwartung, daß es Ihnen folgen wird. Und es wird folgen.

Awi Usdi, Kleiner Hirsch

Cherokee, Nordkarolina

Vor langer Zeit, als die Welt noch jung war, konnten Menschen und Tiere miteinander sprechen. Anfangs lebten sie in Frieden. Die Menschen jagten die Tiere nur, wenn sie Nahrung oder Kleidung brauchten. Dann entdeckten sie Pfeil und Bogen. Mit dieser neuen Waffe konnten sie viele Tiere schnell und leicht erlegen. Sie begannen, Tiere nur so zum Spaß zu töten. Es fehlte nicht mehr viel, und sie hätten die Tiere ausgelöscht.

Die Tiere hielten Rat. Die Bären beschlossen, sich zu wehren. „Aber wie?" fragte einer der Bärenkrieger. „Die Menschen werden uns mit ihren Pfeilen töten, bevor wir in ihre Nähe kommen." Alter Bär, ihr Anführer, stimmte zu. „Das ist wahr", sagte er. „Wir müssen lernen, die gleichen Waffen zu benutzen wie sie." Die Bären machten einen sehr starken Bogen und Pfeile dazu, aber wenn sie versuchten, sie abzuschießen, kamen ihnen ihre langen Krallen in die Quere. „Ich werde mir meine Krallen abschneiden", sagte einer der Bärenkrieger. Er tat es und konnte nun tatsächlich den Bogen spannen. Er zielte gut und traf jedesmal ins Schwarze.

„Das ist gut", sagte Alter Bär. „Kannst du auch auf diesen Baum klettern?" Der Bär versuchte es, schaffte es aber nicht. Alter Bär schüttelte den Kopf. „Ohne Krallen können wir nicht auf Bäume klettern, nicht jagen oder nach Futter graben. Wir müssen die Idee aufgeben, die gleichen Waffen zu benutzen wie die Menschen."

Nacheinander trafen sich alle Tierarten. Keine kam zu einem Beschluß. Es schien keinen Weg zu geben, sich zu wehren. Als letzte trafen sich die Hirsche. Ihr Führer war Awi Usdi, Kleiner Hirsch. „Ich weiß, was zu tun ist", sagte er. „Wir können die Menschen nicht davon abhalten, Tiere zu jagen. So war es immer gedacht. Aber die Menschen machen es nicht richtig. Wenn sie uns nicht respektieren und auch dann jagen, wenn sie uns nicht brauchen, können sie uns alle töten. Ich werde gehen und den Jägern sagen, was sie tun müssen. Wenn sie einen Hirsch töten wollen, müssen sie eine Zeremonie abhalten. Sie müssen mich um Erlaubnis fragen, einen von uns zu töten. Wenn sie ihn getötet haben, müssen sie seinem Geist Respekt bezeugen und ihn um Verzeihung bitten. Tun sie es nicht, werde ich sie aufspüren und mit einem Zauber belegen, daß ihre Glieder verkümmern. Dann können sie nicht mehr gehen und keine Pfeile mehr abschießen."

Awi Usdi, Kleiner Hirsch, tat, wie er gesagt hatte. Des Nachts flüsterte er den Jägern zu, was sie tun sollten. Als sie erwachten, dachten manche, sie hätten geträumt, und waren nicht sicher, ob der Traum wahr war. Andere aber verstanden, daß Awi Usdi, Kleiner Hirsch, zu ihnen gesprochen hatte. Sie taten, wie er sie geheißen hatte. Sie jagten Hirsche und andere Tiere nur, wenn sie Nahrung oder Kleidung brauchten. Sie vergaßen nicht, vorher eine Zeremonie abzuhalten, um Erlaubnis zu fragen, bevor sie ein Tier töteten, und um Verzeihung zu bitten, wenn sie es getötet hatten.

Die anderen töteten weiter Tiere ohne besonderen Grund. Awi Usdi, Kleiner Hirsch, kam zu ihnen und belegte sie mit seinem Zauber, so daß ihre Glieder rheumatisch verkrüppelten. Nicht lange, und alle Jäger begannen, die Tiere mit Respekt zu behandeln.

So kam es, daß die Tiere bis zum heutigen Tag überlebt haben. Auch wenn Menschen und Tiere nicht mehr miteinander reden können wie in den alten Tagen, zeigt das Volk immer noch Respekt und dankt den Tieren, die es jagen muß.

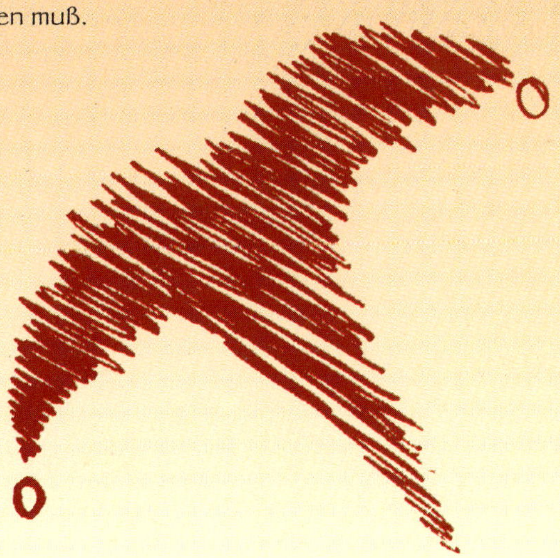

Woksapa [wo-K'SAH-pah]
WEISHEIT

Aufgrund der mündlichen Überlieferung war Weisheit bei den Indianern ein kumulativer Prozess. Die Weisheit der Älteren wurde an die nächste Generation weitergegeben, so daß sie zu deren Erfahrungen addiert wurde. Was Indianer wußten über Tiere und unsere Beziehung zu ihnen, übertraf viele andere Kulturen. Von dieser Weisheit können wir viele Dinge lernen.

Über die Beziehung von Jäger und Gejagten hinaus gibt es ein komplexes Verständnis, das sich darin widerspiegelt, wie Indianer Tiere sahen. Sie sahen in allen Tieren, ob auf, in oder über Mutter Erde lebend, ihre Brüder und Schwestern. Die Begriffe „Brüder und Schwestern" sind hier ganz wörtlich gemeint, nicht als esoterische Nettigkeiten. Tiere wurden von den Indianern genauso betrachtet, behandelt und respektiert wie ihre blutsverwandten Brüder und Schwestern.

Die Brüder und Schwestern aus dem Tierreich wurden von den meisten Stämmen auf eine von drei Arten betrachtet: als Führer, als Gefährten oder als Geschöpfe, die Schutz brauchten. Wie man sich ratsuchend an einen älteren Bruder, eine ältere Schwester wenden würde, so suchten die meisten Stämme Weisheit bei Tieren, die sie als Führer betrachteten. Die Freundschaft, die man zu einem gleichaltrigen Verwandten empfindet, ist dieselbe, die man Tieren gegenüber empfindet, die als Gefährten gelten. Die Verantwortung gegenüber einem jüngeren Familienmitglied ist die gleiche wie das Verantwortungsgefühl gegenüber den Tierarten, die als schutzbedürftig betrachtet werden.

Wenn Sie je eine längere Beziehung zu einem Hund, einer Katze, einem Pferd oder anderen Tier hatten, wissen Sie vermutlich um die geschwisterliche Liebe und den Einklang, die diese Beziehung begleiten. Indianer sehen jedes Lebewesen mit der gleichen Intensität wie Sie Ihr Lieblingstier. Jedem Vogel, Fisch, Felsen, jeder Pflanze gilt der gleiche Respekt, die gleiche Bewunderung wie einem sehr engen Familienmitglied. Diese Philosophie stand außer jedem Zweifel – ein Verständnis, das den Glaubenskern der nordamerikanischen Indianer stützte.

Auch wenn Pferde von den Indianern als Gefährten und Schutzbedürftige betrachtet wurden, spielte das Pferd aber auch sehr oft eher die Rolle eines Boten, Lehrers oder Führers als die eines Schülers. Heutzutage sehen Reiter ihre Pferde nur allzuoft als Schüler und können nicht verstehen, warum sie „nichts mitkriegen". Dabei wissen es ihre Pferde längst. Ob Sie es glauben oder nicht, viele Pferdebesitzer sagen: „Mein Pferd kann nicht nach rechts gehen" oder „mein Pferd hält nicht an." Denken Sie über diese Behauptungen einen Augenblick nach. Pferde können alles, was innerhalb ihrer Möglichkeiten liegt, vom Augenblick ihrer Geburt an. Es ist der Reiter, der seine Wünsche nicht richtig vermitteln kann. Man braucht Pferden nicht beizubringen, anzuhalten, abzubiegen oder auf der Hinterhand kehrtzumachen. Man muß den Reitern beibringen, wie sie ihre Wünsche so äußern können, daß das Pferd sie versteht.

Die Indianer, die nur einhundertfünfzig bis zweihundert Jahre mit Pferden zu tun hatten, machten eines besser als die meisten und wurden dadurch zu den besten Pferdeleuten, die dieser Kontinent je gesehen hat – sie betrachteten ihre Pferde als Lehrer und hörten auf sie.

Bei vielen Stämmen und Völkern existiert ein Brauch, der die Menschen von klein auf zum Zuhören erzieht. Er nimmt in den verschiedenen Stämmen verschiedene Formen an, findet seinen Ausdruck aber im sogenannten Sprechstock, einem kurzen Stock, etwa dreißig oder vierzig Zentimeter lang, der gewöhnlich mit Schnitzereien verziert ist. Nur wer den Stock in der Hand hält, darf sprechen. Hat er zu Ende gesprochen, übergibt er den Stock an den nächsten, der sprechen will. Für den unwahrscheinlichen Fall, daß der Halter des Stocks unterbrochen wurde, zeigte er damit auf den Schuldigen, und der war in der Regel so beschämt, daß er aufstand und den Raum verließ.

Es heißt, daß der Schöpfer den Zweibeinern zwei Ohren und einen Mund gab, damit sie doppelt soviel hören wie reden konnten. Fangt an mit dem Zuhören.

Listen!

Hört zu!
Oder eure Zunge
wird euch taub
machen.

Sprichwort der
Cherokee

Or your tongue

will make you deaf.

—Cherokee Saying

Nioeye Weksuye [nee-OH-yay week-soo-yay]
An deine Worte will ich mich erinnern

Nur eines hindert Reiter und Pferd daran, eine Einheit zu werden. Ein einziges Hindernis trennt die perfekte Verbindung von Zwei- und Vierbeiner. Ein Stolperstein lauert auf Pferd und Reiter, die eins werden möchten: die Kommunikation. Ein Reiter und ein Pferd, die kommunizieren können, können alles tun. Alles!

Viele Menschen betrachten mit ehrfürchtigem Staunen, was gute Ausbilder mit ihren Pferden machen können. Ein mexikanischer Charro läßt sein Pferd sich hinlegen und über fünf Minuten liegenbleiben, ohne es auch nur zu berühren. Manche Pferde können sich mit halsbrecherischer Geschwindigkeit um Tonnen winden oder zwanzig Meter auf den Hinterbeinen zu einem Stop schlittern. Manche springen über hohe Hindernisse.

Gute Ausbilder sind gut im Kommunizieren. Pferde können springen. Sie können stoppen, laufen, wenden, piaffieren, rückwärtsgehen und sich hinlegen. Wenn ein Pferd stoppen kann, und Sie möchten, daß es stoppt, brauchen Sie ihm dies nur verständlich zu machen. Das Pferd wird nur stoppen (vorausgesetzt, es ist kein Schmerz und keine Furcht im Spiel), wenn zwischen Pferd und Reiter ein gesundes Arbeitsverhältnis besteht.

Die heutigen Reiter wenden eine Vielzahl von Trainingsmethoden an, die nicht immer die besten Wege zur Verständigung mit dem Pferd sind. Zwei beliebte Methoden sind „Befehlen" und „Bitten".

Die Mehrzahl der Reiter bedient sich des Befehls, um sich ihrem Pferd verständlich zu machen. Die meisten von uns haben gelernt, daß Befehle das sind, was Tiere am besten verstehen. Wir sagen Sitz, Platz, Auf, Haaalt, Komm, Fuß, Zurück. So trainieren die meisten Leute ihre Tiere: Sie sagen ihnen, was sie tun sollen, und erwarten, daß sie gehorchen. Tun sie, was sie geheißen wurden, werden sie belohnt. Gehorchen sie nicht, werden sie bestraft. In diesem Rahmen ist kein Platz für Meinung, Urteil, Intuition, Ausdruck oder Instinkt. Sie führen eine Aufgabe aus, weil jemand es ihnen befohlen hat. Wie fühlen Sie sich, wenn Ihnen pausenlos jemand sagt, was Sie tun sollen?

Das Problem beim Befehlen als Kommunikationsform ist, daß es nur zwei Optionen für Leistung gibt: Belohnung und Strafe. Die Belohnung

ist nicht unbedingt etwas, was Sie haben möchten, sondern eher etwas, was der Befehlende geben möchte. Die Negativunterstützung durch Strafe besteht in: Tu das oder du wirst es bereuen. Haben Sie je im Zorn die Hand gehoben, als ob Sie Ihr Pferd schlagen wollten? Gut möglich, daß in Zukunft Ihr Pferd schon scheut, wenn Sie nur die Hand heben.

Pferde haben ein unglaubliches Gedächtnis. Ich glaube, wenn Intelligenz nur nach der Fähigkeit bemessen würde, Informationen zu behalten und zu verwerten, würden Pferde als weit intelligenter eingestuft als Menschen.

Oft genug besteht die Belohnung für Gehorsam nur im Ausbleiben der Strafe. Sie geben dem Pferd zum Beispiel mit dem Absatz das Zeichen, sich in Bewegung zu setzen. Tritt es an, besteht die Belohnung darin, daß das Leben ohne Strafe weitergeht. Tritt es nicht an, setzen Sie den Absatz stärker ein. Der einzige Grund, warum das Pferd sich in Bewegung setzt, ist der, daß es nicht noch heftiger getreten werden will.

Befehlen ist kein guter Weg zu einer Beziehung zu Ihrem Pferd. Genaugenommen zu keiner Beziehung irgendwelcher Art.

Bitten hat seinen Platz in der Kommunikation, aber Bitten kann zur Falle werden. Bitten ist zwar ein freundlicher Weg, Ihr Pferd zu etwas zu bewegen, aber leider bitten die meisten Reiter auf die falsche Art und aus den falschen Gründen. Die Bittmethode wird hauptsächlich in zwei Situationen angewendet und bringt in beiden gewöhnlich gar nichts.

In der einen Situation haben Sie Ihr Pferd sehr gern oder betrachten es als ein Haustier, genau wie eine Katze. Sie glauben, weil Sie und das Pferd so gute Freunde sind, genügt eine bloße Bitte, damit das Pferd tut, was Sie möchten. Da das Pferd die menschliche Sprache nicht versteht und da Sie vielleicht nicht wissen, was das Pferd verstehen kann, sind Ihre Bemühungen bestenfalls umsonst. Diese Bitt-Technik ist zwar gut gemeint, aber Pferde brauchen mehr als nur eine kosmische Verbindung zu ihrem Reiter, um zu wissen, was sie sollen.

You must
so that
your words
may go as
sunlight

Die andere Situation ist die Wenn-sonst-nichts-mehr-hilft-Übung. Sie geht ungefähr so: Sie drücken dem Pferd die Absätze in die Seiten, und das Pferd reagiert nicht. Dann kicken Sie ihm heftiger in die Rippen (die Befehlstechnik der Kommunikation). Das Pferd rührt sich immer noch nicht, nur der Kopf geht hoch. Sie beschließen, daß Sie die Botschaft noch intensiver vermitteln müssen, damit das Tier sich bewegt. Sie holen also aus und treten dem Pferd mit Nachdruck in die Rippen. Wahrscheinlich finden Sie sich am Boden wieder, wenn der Staub sich gelegt hat. Sie klettern wieder in den Sattel und stellen fest, so geht es nicht. Sie holen ein paarmal tief Luft, und nun greifen Sie zur Wenn-sonst-nichts-mehr-hilft-Technik. „Na, Mädchen? Komm schon!? Du kannst das doch!? Nun komm schon!? Schritt? Bitte!!!“ Ihr Pferd hat auf Ihre Kosten einen Mordsspaß.

Die „Wünschen-“ und „Hoffen-Techniken“ sind Abkömmlinge der Bitt-Technik. Ihr Pferd zu bitten, selbst in bester Absicht, ist kein verläßliches Mittel, zu einem Ergebnis zu kommen.

speak straight

Du mußt geradeaus sprechen,
so daß deine Worte
wie Sonnenstrahlen in unsere
Herzen dringen.

Cochise,
Chiricahua-Apache

to our hearts.

—COCHISE, CHIRICAHUA APACHE

Itancan [ee-TAHN-chun] und *Waunca* [wah-OON-chah]

Anführer und Nachahmer

Die meisten indianischen Reiter kannten die Natur des Medizinhundes. Die Natur des Pferdes hat damit zu tun, daß es ein Herdentier ist. Eine Herde wird angeführt vom *itancan,* und die anderen Mitglieder der Herde folgen ihm. Die Herde weiß, daß ihr *itancan* immer ihr Bestes im Sinn hat. Sie sind der *itancan* Ihrer Zweier-Herde. Es ist nur natürlich, daß das Pferd Ihnen folgt, denn es weiß, Sie haben sein Bestes im Sinn.

Es ist wichtig, daß Sie die Psychologie verstehen, die hinter *waunca* steht. Der *waunca* hat dem *itancan* zu folgen, ohne dessen Handlungen je in Frage zu stellen. Würde er dies nicht so blindlings tun, ginge der ganze Sinn einer Herde verloren, und die Art würde irgendwann aussterben.

Hinter dem Spruch „Du kannst ein Pferd zum Wasser führen, aber du kannst es nicht zum Trinken bringen" steckt mehr, als man denkt. Man kann ein Pferd aber auch zum Trinken bringen. Wenn sich eine Pferdeherde einem Wasserloch nähert, geht der *itancan* voraus. Er achtet auf mögliche Gefahren und nimmt ein paar Schluck. Erst wenn er wieder ein paar Schritte zurückgetreten ist, trinkt die Herde sich satt, während der *itancan* Wache steht. Hat die Herde ihren Durst gelöscht und der *itancan* ist sicher, daß keine Gefahr droht, geht er zum Wasser und löscht seinen Durst. Der *itancan* hat Pferde zum Wasser geführt und sie zum Trinken gebracht.

Als *itancan* Ihrer Herde können Sie bei jeder denkbaren Trainingsübung das gleiche Ergebnis erzielen. Hat Ihr Pferd Sie einmal als *itancan* anerkannt, wird es sich immer nach Ihnen richten und Ihnen folgen.

Iyuptala [ee-yoo-P'TAH-lah]
EINS SEIN MIT

„Eins sein mit" war ein Bestandteil des indianischen Lebens. Leben hieß eins sein mit der Umwelt. Indianer waren eins mit Mutter Erde. Sie waren eins mit den Elementen und vor allem anderen mit dem Schöpfer. Dieses Selbstverständnis war so grundlegend, daß es manche Worte wie etwa Vertrauen, Integrität, Glaube, Treue oder Versprechen einfach nicht gab. Sie hatten keine wirkliche Bedeutung. Da jede Handlung, die ein Indianer ausführte, sein unbegrenztes Vertrauen in seine Umwelt widerspiegelte, war ein Bruch dieses Vertrauens schlicht undenkbar. Vertrauen und Integrität waren nicht die Ausnahme, sondern die Regel.

Indianer zeigten dasselbe Vertrauen, das ihnen die Dinge der Natur bewiesen. Es gibt kein Feuer, das nicht brennt, wenn man es berührt, und es gibt keinen Regen, von dem man nicht naß wird. Es gibt auch keinen Wolf, der in Wirklichkeit ein Schaf ist. Natürliche Dinge lügen nicht.

Die Art Vertrauen, die natürliche Dinge beweisen, unterscheidet sich grundlegend vom menschlichen Vertrauen. Wir müssen beide Arten verstehen, bevor wir eine Beziehung zu unseren Pferden aufbauen können.

Leider ist den meisten Menschen des 20. Jahrhunderts die Erfahrung des „Eins sein mit" verlorengegangen. Weit entfernt von dem Gefühl, eins zu sein mit unserer Umwelt, mit Mutter Erde oder sogar unserem Schöpfer, lernen wir von klein auf, nichts und niemandem zu vertrauen, der nicht erwiesenermaßen unser Vertrauen verdient hat. Die meisten Tiere dagegen werden mit der Geisteshaltung geboren, allem und jedem zu vertrauen, solange sie keinen Grund haben, es nicht zu tun. Indianer lernten, auf die „tierhafte" Art zu vertrauen.

Im Mai 1966 fand eine Expedition zu den Galapagos-Inseln Grund zu der Annahme, daß Tiere Menschen vertrauen, bis sie Grund haben, es nicht mehr zu tun. Es verblüffte die Wissenschaftler, daß die Tiere dort überhaupt keine Angst vor Menschen zeigten. Vögel landeten auf ihren Schultern, und selbst Tiere mit Jungen ließen sie ohne Scheu an sich herankommen. Erst als die Wissenschaftler begannen, die Tiere zu fangen und mit Marken zu versehen, änderte sich ihr Verhalten dramatisch.

Nachdem sie einen Grund hatten, nicht zu vertrauen, verhielten sie sich wie angesichts von Räubern anstatt von Mitbewohnern.

Die Wissenschaftler dieser Expedition fanden heraus, daß die Scheu, mit der sie Menschen nach dem Vertrauensbruch begegneten, nicht erblich war. Wenn ein Neugeborenes vor dem Menschen flieht, hat das nichts mit seiner Herkunft oder seinen Genen zu tun, sondern damit, daß es beobachtet, wie seine Eltern fliehen. An Neugeborene ohne Eltern konnten die Wissenschaftler herangehen, sie anfassen und hochnehmen. Sie vertrauten ihnen.

Ein weiteres Beispiel für dieses natürliche Vertrauen ist die Beziehung, die die meisten Tiere zu Schildkröten haben. Irgendwie haben es die meisten Schildkrötenarten geschafft, sich das Vertrauen im Tierreich zu erhalten. Da sie dieses Vertrauen nie gebrochen haben, werden sie mit Gleichgültigkeit behandelt. Sollten Schildkröten irgendwo auf der Welt jemals anfangen, ihren Nachbarn Zehen oder Flossen abzubeißen, würde sich das Verhalten der Tiere ihnen gegenüber verändern. Tiere, die sich wie Räuber verhalten, in diesem Fall also die Schildkröten, müssen mit einer sofortigen und heftigen Reaktion darauf rechnen.

Würde man das Pferd auf einer Vertrauenswaage wiegen (so es sie gäbe), wäre es irgendwo zwischen Hund und Kuh einzuordnen. Die meisten Pferde haben sehr viel Vertrauen, aber ihr Vertrauen ist auch sehr leicht zu verspielen. Daran müssen Sie immer denken, wenn Sie mit Ihrem Pferd zusammen sind.

Es gibt viele Möglichkeiten, das Vertrauen Ihres Pferdes zu verspielen. Verlieren Sie nur einmal die Geduld und schlagen Sie es auf den Kopf, und Sie sind auf dem besten Weg, Ihr Pferd kopfscheu zu machen. Es wird sich nicht mehr am Kopf berühren lassen. Oder verladen Sie es in einen Hänger, der nicht sicher ist, und es verletzt sich an einem vorstehenden Stück Metall. Es kann auch das Vertrauen verlieren, wenn Sie es einen allzu steilen Abhang hinunterzwingen und es sich dabei eine Sehne zerrt. In jedem dieser Beispiele wurde das Vertrauen von seiten des Reiters gebrochen.

Denken Sie daran: Sie sind der *itancan*. Sie wollten es sein und werden als solcher anerkannt, solange Sie die Herde sicher führen. Brechen Sie dieses Vertrauen, weil Sie nicht zuverlässig sind und sich nicht wie ein *itancan* verhalten, werden Sie ersetzt. Von wem? Vom anderen Mitglied der Herde – von Ihrem Pferd.

Um zu verstehen, was „Eins sein mit“ bedeutet, stellen Sie sich einen Augenblick vor, Sie seien ein Adler, der in den Lüften kreist. Er gleitet nicht auf oder unter oder neben den Luftströmen her, er ist voll und ganz von ihnen umhüllt. Jede Änderung der Strömung hat Auswirkungen auf ihn, und jeder Flügelschlag von ihm bewegt die Luft um ihn her. Jede Bewegung des einen bewirkt etwas beim anderen. Der Adler wird zu einem kleinen Teil der Winde. Seine Bewegungen sind ein Spiegel der stetig wechselnden Luftbewegungen, von denen er ein Teil geworden ist. Der kreisende Adler weiß, was es heißt, eins zu sein mit dem Wind.

2

Die Basis für das Beziehungstraining

Beziehungstraining hat mehr mit der Beziehung zwischen Pferd und Mensch zu tun als mit irgendwelchen erhofften Ergebnissen. Vergessen Sie nicht: Ein Pferd ist ein Pferd. Anstelle des menschlichen Verhaltensrahmens bedient sich das Beziehungstraining der Beziehungen, der Sprache und der Grenzen, die ein Pferd am besten versteht – der Herde –, und richtet seine Techniken und Übungen danach aus.

Im Beziehungstraining merken wir, daß kein Pferd das, was wir ihm beibringen wollen, in der Zeit lernt, die wir dafür veranschlagt haben. Wenn wir langfristig eine starke Arbeitsbeziehung anstreben, versuchen wir besser, Frustrationen während des Trainingsprozesses zu vermeiden. Beziehungstraining heißt nicht: Reiter lehrt Pferd. Auch nicht: Pferd lehrt Reiter. Es heißt eher, das richtige Umfeld schaffen. Im richtigen Umfeld entstehen auch die produktivsten emotionalen und körperlichen Grenzlinien. Hier können zwei Lebewesen sich verstehen.

SO SPEKTAKULÄR WIE DIE FÄHIGKEIT DES INDIANISCHEN REITERS, MIT PFERDEN ZU KOMMUNIZIEREN, WAR AUCH DIE FÄHIGKEIT DES PFERDES, IM BRUCHTEIL EINER SEKUNDE BEFEHLE ZU empfangen und zu interpretieren. Weil sie *iyuptala* waren, eins, konnten Pferd und Reiter ungefährdet trügerisches Terrain überqueren, galoppierten sie sicher inmitten einer Herde in Panik dahinrasender Bisons oder konnten sich manchmal auf der Flucht vor einem Feind nahezu senkrechte Abgründe hinunterstürzen. Wenn Pferd und Reiter nicht jederzeit als Einheit dachten und handelten, drohte mindestens einem von ihnen, vielleicht beiden, Verletzung oder Tod.

Die Fähigkeit, mit seinem Pferd eine Einheit zu bilden, ist das, was jeder Reiter, in jeder Reitweise und auf allen Ebenen, sich am meisten wünscht. Nötig ist dazu eine offene, zweigleisige Kommunikation zwischen Pferd und Reiter. Sie ist nicht schwer zu erreichen, aber nie und nimmer auf die Schnelle. Will man eine wahre partnerschaftliche Beziehung und offene Kommunikation mit dem Pferd erreichen, braucht man dazu sehr spezifisches Werkzeug, und das allerwichtigste davon heißt Zeit.

Certain small ways and observances sometimes have connection with large

Kleine Dinge, kleine Beobachtungen stehen manchmal in Verbindung mit großen und weiter in die Tiefe gehenden Gedanken.

Stehender Bär

Zeit

Das problematischste Werkzeug in der Kommunikation mit Ihrem Pferd ist ganz offensichtlich Zeit. Zeit ist auch das wichtigste Hilfsmittel, wenn Sie eins werden wollen mit Ihrem Pferd. Werfen wir einen Blick auf die Art und Dauer der Zeit, die die größten Pferdekenner des Kontinents mit ihren Pferden verbrachten.

Stellen Sie sich vor, Sie wären ein Indianer im Jahr 1760. Noch gibt es kaum Kontakt zu Europäern. Sie leben mit Ihrer Familie und weiteren 80 Familien in einem Lager auf einer Sandbank an einem seichten Fluß. Die Pferde (weder gehobbelt noch angebunden) teilen sich zufrieden mit den Menschen die umliegenden Wiesen. Wenn Sie Kräuter und Beeren sammeln, grasen die vierbeinigen Stammesmitglieder an Ihrer Seite, und neugierige Jährlinge betteln Sie um eine süße Beere an. Während Sie ein Bad im Fluß nehmen, führt der *itancan* die Herde zum Wasser, und wenn die Pferde ihren Durst gelöscht haben, senkt auch der *itancan* den Kopf und trinkt. Ab und an saust ein Fohlen durchs Camp, verfolgt von einer Horde Kinder, die versuchen, es an seinem borstigen Stummelschwänzchen zu packen.

Die Nächte verbringen Sie in Ihrem kegelförmigen Tipi. Durch den runden Rauchabzug an der Spitze funkeln die Sterne. Jeder Gedanke, jeder Traum hat die leisen Geräusche der Herde als Hintergrund. Ein *sakehanska*, ein Lange-Klauen, ein Grizzlybär, nähert sich dem Camp. Mit lautem, aufgeregtem Schnauben und Gewieher macht die Herde jeden auf die Gefahr aufmerksam. Lautlos verlassen die jungen Männer ihre Tipis und verscheuchen den Räuber. Wenn sie zurückkehren, hört man die sanften Laute, mit denen die Stuten ihre aufgeregten Fohlen beruhigen.

and more profound ideas.

—Standing Bear

Erst als ich zwei Jahre auf Reisen verbrachte und Seminare abhielt, wurde mir klar, welches Gewicht der Zeit in meiner Beziehung zu meinem Pferd zukam. Ich wohnte in der vorderen Hälfte eines über fünf Meter langen Viehanhängers, der vorn schmal und flach auslief, und Kola, mein Pferd, bewohnte die andere. Getrennt waren wir durch eine Eisenstange, für Kola etwa in Brusthöhe. Ich lernte bald, daß Kola im Schlaf Töne von sich gab und schnarchte wie ein Mensch, daß er Alpträume hatte und mich manchmal wegen des sprichwörtlichen Schluck Wassers aufweckte. Wenn man mit einem Pferd zusammenlebt, lernt man, Launen, Zufriedenheit, Langeweile, Frust zu erkennen – im Grunde die gleichen Dinge, die man auch bei einem Menschen

(Fortsetzung nächste Seite)

Überlegen Sie einen Augenblick, was für eine Art Beziehung Sie zu Ihrem Pferd hätten, wenn Sie beide unter diesen Bedingungen lebten. Wenn Sie seine Emotionen und Reaktionen auf die Vielzahl täglicher Ereignisse miterlebten, würden Sie Ihr Pferd viel besser kennenlernen – und es noch höher schätzen.

Zeit mit Ihrem Pferd verbringen bedeutet viel mehr, als Routinearbeiten in seiner Gegenwart zu verrichten. Es bedeutet Zeit, in der Sie es beobachten, unbelastete Zeit, die Sie in seiner Nähe verbringen, denn es gibt vieles, was Sie von Ihrem Pferd nur wissen, nur wissen können, wenn Sie Zeit mit ihm verbringen.

Laut Umfragen verbringen Pferdebesitzer durchschnittlich sechs Stunden pro Woche in Gegenwart ihrer Pferde. Zwei davon gehen für Stallarbeiten und Reparaturen drauf, Füttern und Tränken verbrauchen eine weitere Stunde, eine Stunde dauert das Putzen des Pferdes, und die restlichen zwei Stunden sitzt der Reiter im Sattel.

Schauen wir uns das einmal aus der Perspektive des Pferdes an. Stellen Sie sich die Beziehung vor, die Sie mit einem Ehepartner hätten, dem Sie zwei Stunden in der Woche bei der Wäsche helfen, mit dem Sie eine Stunde gemeinsam essen, eine Stunde auf der Couch liegen und fernsehen und zwei Stunden in einer größeren Stadt herumfahren, in der Sie nie gewesen sind, und versuchen, im Atlas den Weg zu finden und Straßenschilder zu lesen. Ihr Pferd sehnt sich nach einem Führer, nach einem Gefährten, nach einer Beziehung zu Ihnen. Verbringen Sie nur wenig Zeit mit ihm, wird es zu keiner starken Beziehung kommen. Ein Minimum an gemeinsam verbrachter Zeit bewirkt kein Einswerden.

Die Zeit, die wir mit unseren Pferden verbringen, muß eine Zeit sein, die ausschließlich unserer Beziehung zum Pferd gewidmet ist. Wir wollen die Bande der Freundschaft, des Verstehens stärken und die Verständigung voranbringen. Und was wirkt sich günstig auf die zusammen verbrachte Zeit aus? Motivation! Die Motivation, nur aus dem einzigen Grund mit dem Pferd zusammen zu sein, um eine Beziehung zu ihm zu entwickeln. Unser Handeln ist ein Spiegel unserer Motive. Wenn Ihr Wunsch, mit dem Pferd eine Beziehung aufzubauen, nicht mehr als eine gute Absicht ist, wird die Zeit sich Ihnen entziehen.

Ihre gemeinsame Zeit ist nicht einfach die Zeit, in der Sie in der Nähe des Pferdes sind. Grasen lassen an der Hand, zusammen spazierengehen, putzen (mit dem einzigen Ziel, eine Verbindung zum Pferd herzustellen) oder ihm auf der Koppel Gesellschaft leisten – dabei können Sie Ihre gegenseitige Beziehung vertiefen. Füttern, herumwerkeln oder gedankenloses Longieren bringen gar nichts.

erkennt, mit dem man viel Zeit verbringt. Wenn Kola zu Anfang sein Gewicht verlagerte, riß mich das aus dem Tiefschlaf, und ich stieß mir den Kopf an der niedrigen Decke meines Schlafquartiers. Aber nach etwa einem Monat waren mir Kolas Schlafgewohnheiten vertraut, und ich sah keinen Grund mehr, unser Zwei-Zimmer-Appartement auf Rädern einzutauschen. Ich bin froh, daß ich es nicht tat, denn das Zusammenleben mit einem Pferd auf so engem Raum lehrte mich eine Lektion: Wenn es darum geht, eine Beziehung zu einem Pferd aufzubauen, gibt es keinen Ersatz für gemeinsam verbrachte Zeit.

Kommunikation

Grundsätzlich können Sie dem Pferd Ihre Botschaften auf drei Arten übermitteln: mit der Stimme, der Körpersprache oder durch Fokussieren. Fokussieren bedeutet, daß Sie Ihre Aufmerksamkeit oder Energie in eine bestimmte Richtung lenken und dadurch eine Botschaft übermitteln.

Stellen Sie sich eine Skala von eins bis zehn vor, wobei zehn die höchste Dringlichkeitsstufe für eine Botschaft darstellt, die Sie Ihrem Pferd übermitteln wollen. Eine Fokus-Botschaft entspricht einer Drei, eine Körpersprache-Botschaft einer Sechs und eine Stimm-Botschaft einer Neun oder Zehn. Ohne eine Dringlichkeitsskala haben alle Botschaften das gleiche Gewicht, und Ihr Pferd wird verunsichert oder gelangweilt. Wenn Sie zum Beispiel Ihr Pferd mit derselben Botschaft – in gleicher Intensität – zum Schritt durchparieren, wie Sie einem Dornengestrüpp auszuweichen versuchen, werden Sie sich ziemlich viele Dornen einfangen. Schreien Sie dagegen jedesmal „Hohh!", wenn Sie nur das Tempo verringern möchten, wird Ihr Pferd Ihre Kommandos ausblenden. Sie werden schlicht ignoriert, wie der Junge, der „Wolf!" schrie.

Pferde bedienen sich zur Kommunikation hauptsächlich der Körpersprache. Sie sind viel weniger stimmorientiert als der Mensch. Stimmkommandos erzielen die beste Wirkung, wenn es um eine dringende Information geht, wenn Sie zum Beispiel abrupt anhalten oder losreiten wollen. Viele Reiter schnalzen mit der Zunge, wenn sie anreiten wollen. Zum Antraben nehmen sie die Schenkel ans Pferd, verstärken den Zügelkontakt, lehnen sich nach vorn, treiben mit dem Kreuz und schnalzen.

Die wenigsten verstehen, daß das Pferd in vielen Fällen gelernt hat, zwei Dinge selbständig zu tun: erstens die Laute zu überhören, die ihre Reiter von sich geben (weil sie allgegenwärtig sind), und zweitens sich mehr auf physische und fokussierte Botschaften zu konzentrieren. Meist haben sie keine Ahnung, was in den Köpfen ihrer Pferde vor sich geht. Sie nehmen an, daß ein paar Zungenschnalzer die Wirkung einer Gangschaltung auf eine

Das Konzept nonverbaler Verständigung ist einfach anzuwenden, aber schwer zu erklären. Auch ich habe das Konzept erst verstanden, als ich mit meinem Pferd in eine potentiell höchst gefährliche Lage geriet. Zwei Jahre zuvor hatte mir eine Cheyenne es erklärt.

Folgendes geschah: An einem Morgen im März kamen ein paar meiner Freunde von einem Ausritt zurück. Als sie in Sicht kamen, ging ich ihnen entgegen, um sie zu begrüßen. Am Ende der Gruppe ritt eine Frau auf einem noch ziemlich „grünen" Mustang. Ohne ersichtlichen Grund schlug das Pferd so heftig mit dem Kopf, daß die mechanische Hackamore brach. Ich glaube, der Mustang sah dies einfach als Gelegenheit, auf die Große Ebene zurückzukehren – er warf seine Reiterin ab, stellte den Schweif auf und raste die Straße hinunter. Ich sprang auf Kola und hatte den dahingaloppierenden Mustang bald eingeholt. Kola liebt eine gute Jagd, er hatte wirklich Spaß an dieser Verfolgung. Ich versuchte, zwanzig oder dreißig Meter Abstand

(Fortsetzung nächste Seite)

Good words do not last long unless they amount to something.

—CHIEF JOSEPH, NEZ PERCÉ

manuelle Übertragung haben. Sie verpassen den Punkt, an dem ihre Pferde anfangen, subtilere Signale zu verstehen und vorwegzunehmen.

Die menschliche Stimme ist ein mächtiger Botenträger. Setzen Sie sie nur ein, wenn es nötig ist. Das andere Mitglied Ihrer Herde gebraucht seine Stimme nur, um sein Territorium zu verteidigen, Gefahr anzuzeigen oder Artgenossen zu beruhigen. Ihr Pferd könnte Sie für schizophren halten, wenn Sie zuviel reden!

Physische Signale, eine Fünf oder Sechs auf der Dringlichkeitsskala, sind für die meisten Gelegenheiten die wirksamsten Mittel der Kommunikation, besonders wenn Sie ohne Sattel reiten. Solange wir auf dem Rücken unserer Pferde sitzen, senden wir ununterbrochen Botschaften aus. Diese Botschaften zu erkennen und effektiv umzusetzen ist die Kernlehre des Beziehungstrainings. Zu den physisch übermittelten Botschaften gehören Anhalten, Losreiten, Langsamer, Schneller, und Zurück.

Als Gejagte sind sich Pferde ihrer Umgebung jederzeit voll bewußt. Ebenso bewußt sind sie sich all dessen, was ihr Reiter tut. Eine leichte Gewichtsverlagerung können sie je nach Richtung und Grad in eine Vielzahl von Botschaften übersetzen.

Ein Pferd kann auch Ängste oder Wünsche anhand von Körpersignalen entschlüsseln. Normalerweise übermitteln wir unserem Pferd Botschaften, ohne uns dessen bewußt zu sein. Die Fähigkeit, diese physischen Signale zu erkennen und als Mittel zur Kommunikation zu benutzen, macht die bewußte Übermittlung von Kommandos überflüssig. Wenn Sie sich dieser Signale bewußt sind und sie zur Kommunikation nutzen, handeln Sie und bewegen Sie sich mit Ihrem Pferd als Einheit.

Fokussieren hat deshalb nur den Wert einer Drei auf der Dringlichkeitsskala, weil es zur Übermittlung einer Botschaft großer Intensität bedarf. Sie haben Fokussieren sicher schon selbst erlebt oder gefühlt: wenn jemand außerhalb Ihres Gesichtskreises Sie beobachtet. Fokussieren ist eine Fähigkeit, die sowohl Menschen als auch Pferde besitzen. Sie manifestiert sich besonders in sehr eindrücklichen oder gefährlichen Situationen.

Gute Worte haben keine Dauer,
wenn sie zu nichts führen.

Joseph, Häuptling der Nez Percé

zu halten, damit ich zur Stelle sein konnte, wenn der Mustang sich verrannt hatte oder vor Erschöpfung stoppte. Er lief mit Höchstgeschwindigkeit in eine Garage.

Die Garage hatte zweigeteilte, oben offene Türen – dies war also keineswegs das Ende der Verfolgungsjagd. Mir wurde klar, daß es vielmehr erst der Anfang war. Ich angelte nach meinen Zügeln, und es begann ein Zehn- oder Fünfzehn-Minuten-Abenteuer, während dem ich jede nur denkbare Art von Hindernissen überwand, einschließlich Zäunen aus Holz, Stacheldraht und Planken. Zum Glück mußten wir diese Zäune allerdings nicht springen – der Mustang hatte jeweils schon eine Bresche hineingeschlagen. Nach einem halben Dutzend blitzgefährlicher Situationen für Kola und mich, schaffte es der Mustang in eine Weide, auf der einige Schafe grasten. Dort kam er endlich zum Stehen. Jemand kam mit einem Eimer Hafer, und nach etwa einer Stunde konnten wir den Ausreißer aufhalftern und einen Tierarzt rufen.

(Fortsetzung nächste Seite)

Ich führte Kola nach Hause und betrachtete mir noch einmal alle Hindernisse, die wir zusammen überwunden hatten. Wir hatten uns nur auf unseren Instinkt verlassen und keine Zeit für bewußte Manöver gehabt. Kola aber hatte meine natürliche Neigung verstanden, Körper und Blick in die Richtung zu fixieren, die ich einschlagen wollte. Er führte auch fokussierte Kommandos aus. Mir wurde bewußt, wieviel an Kommunikation zwischen Kola und mir stattgefunden hatte. Und dann fiel mir das Konzept ein, das die Cheyenne mir vor zwei Jahren zu erklären versucht hatte. Sie hatte darauf verwiesen, daß Fische, Vögel und Pferde in einem Schwarm oder einer Herde ihre Manöver exakt zum selben Zeitpunkt ausführen. Das kommt daher, daß jedes Mitglied dieser Gemeinschaft sich dessen bewußt ist, was der

(Fortsetzung nächste Seite)

Immer wenn wir etwas zu verstehen versuchen, fixieren wir unsere Aufmerksamkeit darauf – wir fokussieren. Wenn wir eine Form oder einen Gegenstand nicht verstehen, fokussieren wir visuell. Wenn wir ein Konzept nicht verstehen, fokussieren wir mental. Diese Reaktion auf ein Bedürfnis, etwas zu verstehen, erfolgt normalerweise sehr schnell und wird von unserem Unterbewußtsein gesteuert. Wenn wir in unbekanntem Gebiet durch den Wald gehen, fokussieren wir im Unterbewußtsein sowohl visuell wie mental die Stelle, auf die wir gleich den Fuß setzen werden. Ist die Stelle identifiziert und verstanden, erlaubt uns unser Unterbewußtsein, den Fuß dorthin zu setzen. Die Fühler, die wir aussenden, sind nicht gänzlich unsichtbar, jedenfalls nicht für Tiere, die spüren, auf was wir unsere Aufmerksamkeit richten.

Dieses Fokussieren verwenden wir auch, wenn wir jemandem eine Botschaft übermitteln wollen. Herdentiere sind Experten darin zu wissen oder zu spüren, worauf sich die Aufmerksamkeit der anderen richtet. Das mag teilweise visuell geschehen, aber der größere Teil erfolgt mental.

Fokussieren wird zusammen mit physischen oder verbalen Signalen verwendet und steht am Anfang einer physischen Botschaft. Beugen Sie sich leicht nach vorn, als ob Sie schneller werden wollten, und fokussieren Sie einen Punkt in einiger Entfernung von Ihrem Standort. Üben Sie sich darin, einen Punkt vor sich subtil wahrzunehmen, bis Sie dieses wirkungsvolle Werkzeug erkennen und benutzen können.

Pferde wissen, auf was Sie sich konzentrieren. Machen Sie als Beweis folgenden Test: Setzen Sie sich in ganz entspannter Haltung auf Ihr Pferd. Schauen Sie auf das Pferd und sagen Sie – ohne Worte, ohne sich zu bewegen – : „Tu was!“ Denken Sie dies höchst intensiv, als ob Sie etwas ganz Spezielles von Ihrem Pferd wollten, aber ohne an eine bestimmte Aufgabe zu denken. Meistens werden Sie sofort ein Ergebnis sehen: Ein Ohr dreht sich in Ihre Richtung, oder das Pferd geht sogar von sich aus ein oder zwei Schritte vorwärts. Mit dem Ihnen zugewendeten Ohr sagt das Pferd: „Ich spüre, daß du etwas von mir willst, aber ohne physische Verstärkung weiß ich nicht, was ich soll.“ Macht es einen zögernden Schritt, versucht es Ihre Absicht mit einer Frage zu ergründen: „War es das, was du von mir wolltest?“

Wenn Sie nach links wollen, aber etwas fokussieren, was sich rechts von Ihnen befindet, zögert Ihr Pferd vielleicht, weil das fokussierte und das

Anführer im Blick hat. Das Fokussieren erlaubt einer Herde, ihre Hauptfunktion auszuführen: als eine Einheit zu agieren. Es ist Ziel und Zweck einer Herde, ein Ganzes zu sein und dergestalt zu agieren. Eine Einheit, die sich aus vielen einzelnen zusammensetzt, hat für Räuber etwas Einschüchterndes und Verwirrendes. Indem es „eins mit" den anderen wird, genießt das Individuum die Sicherheit, die die Zugehörigkeit zu einem größeren Ganzen mit sich bringt. Kola und ich hatten zuvor unsere eigene Zweier-Herde etabliert, und die Dynamik, die wir entwickelt hatten, hatte sich bezahlt gemacht, als ich sie wirklich brauchte.

physische Signal nicht übereinstimmen. Stimmen sie jedoch überein, kann Ihr Pferd Leistungen vollbringen, die man einfach nur noch mit „schön" bezeichnen kann. Deutlich wird dies in Dressur-Küren auf Grand-Prix-Niveau. Auf die Harmonie, die zwischen den Körper- und Fokussignalen dieser Reiter besteht, wären auch Indianer stolz gewesen. Indianern blieb gar nichts anderes übrig, als sich auf das zu konzentrieren, was ihre Pferde tun sollten. Inmitten einer Bisonherde von manchmal Tausenden von Köpfen war keine Zeit, an Kommandos, Körperbewegungen oder Stimmhilfen zu denken oder sich an subtile und komplizierte Folgen von physischen Hilfen zu erinnern. Diese Büffeljäger waren angewiesen auf die Fähigkeit ihrer Pferde, ihre Wünsche zu erfühlen, und auf ihre Kenntnis der sichersten und effizientesten Art, diese auch auszuführen.

Das Gebiß

Wenn es ein Trainingsmittel gibt, das mehr als jedes andere mißbraucht worden ist, dann das Gebiß. Beachten Sie, daß das Gebiß hier als Trainingsmittel aufgeführt wird, nicht als Teil der Ausrüstung. In einer gesunden Arbeitsbeziehung wird das Gebiß höchst effizient zur Verstärkung der verbalen, physischen und mentalen Signale benutzt.

Vermutlich haben Sie schon gehört, daß Sie ein Pferd immer trainieren, sobald Sie auf seinem Rücken sitzen – im positiven oder im negativen Sinn. Die meisten Pferde tun das, womit sie gerade noch durchkommen. Wenn Sie Ihren Botschaften ständig durch das Gebiß mehr Gewicht verleihen, können Sie sie verstärken und Mißverständnisse ausschließen. Das soll nicht heißen, daß Sie Ihrem Pferd schmerzhaft im Maul herumzerren sollen. Es ist üblich geworden, zu immer schärferen Gebissen zu greifen, wenn ein Pferd nicht mehr auf den Reiter reagiert. Daß sie immer öfter als Mittel zur Unterwerfung herhalten müssen, kommt hauptsächlich davon, daß die Reiter keine Zeit haben oder ihnen ihre Zeit zu schade dafür ist, eine gesunde Arbeitsbeziehung zu ihren Pferden aufzubauen.

Fast alle Pferde – 95 Prozent – können mit einem Trensengebiß mit großen Ringen geritten werden. Es ist erstaunlich, wie schnell Pferde bereit sind, ihre gewohnte doppelt gedrehte, vernietete Kriegszäumung zu vergessen. Diese wurde auch nicht von Indianern erfunden, sondern in Nordamerika von den Spaniern eingeführt und erst später auch von Indianern verwendet.

Durch ein mildes Gebiß wird das Pferd ermutigt, sich seine Anweisungen woanders zu holen. Als Herdentier liegt es ja in seiner Natur, sich seine Signale vom *itancan* seiner Herde zu holen. Je subtiler diese Signale auf einem Gebiet werden, desto mehr ist das Pferd (durch seine Natur) dazu gezwungen, andere Signale zu beachten, wenn es dem *itancan* folgen will. Das traditionelle „Gebiß" der Indianer war ein geflochtener Lederriemen, der über der Zunge des Pferdes lag und unter dem Kinn verschnürt wurde. Ein einzelner Zügel lief links vom Pferdehals in die Hand des Reiters. Im Idealfall sollte sich jedes Pferd mit einem so einfachen Mundstück wohl fühlen, aber in der Wirklichkeit ist dies nicht immer möglich – manche Pferde brauchen mehr Führung und Bestätigung als andere. Manchen Pferden fehlt es an Selbstvertrauen, um eine Verstärkung der reiterlichen Anweisungen durch nichts als ein Stückchen Leder zu akzeptieren. Manche Reiter vertrauen sich selbst nicht genug, ihre Anweisungen wirksam mit einem Stückchen Leder zu geben. Wenn Ihre Situation auf eine dieser Kategorien zutrifft, denken Sie daran, daß das Pferdemaul sehr empfindlich ist. Mißbrauchen Sie das Gebiß nicht. Betrachten Sie es im gesamten Verlauf des Beziehungstrainings als Arbeitsmittel zur Verstärkung von Signalen.

Eine Hackamore ist gewöhnlich weniger scharf als ein Gebiß und dient ebenfalls dazu, dem Pferd Botschaften zu übermitteln. Dazu ist es jedoch nicht nötig (und sollte auch nicht geschehen), Druck auf die Nerven am Nasenrücken des Pferdes auszuüben. Dies ist ein sehr empfindlicher Bereich, und eine schlecht sitzende, scharfe Hackamore kann dem Pferd tatsächlich die Luftzufuhr durch die Nüstern unterbinden.

Wenn Sie glauben, ohne Hackamore nicht auszukommen, versuchen Sie es mit einem Bosal. Es wirkt nach dem gleichen Prinzip, ist aber einfacher anzuwenden. Lassen Sie sich jedoch nicht auf ein Kräftemessen mit Ihrem Pferd ein, um seinen Kopf mit den Zügeln herumzuziehen – Sie verlieren mit Sicherheit.

Zügel

Wie das Gebiß sollten auch Zügel idealerweise nur Ihre Körper- und Fokus-Signale verstärken. Indianer ritten traditionsgemäß mit einem Zügel. Für manche ist der beste Reiter der, der ganz ohne Zügel auskommt, aber das ist unpraktisch und gibt dem Pferd nicht genug Bestätigung und Selbstvertrauen. Zu Beginn des Beziehungstrainings rate ich Ihnen zur Methode des „direkten Zügels“, den Kopf des Pferdes also mit Hilfe jeweils eines Zügels in eine Richtung zu stellen, statt wie beim „neck-reining“ beide Zügel in einer Hand zu halten. Es ist für das Pferd weniger verwirrend, die Einzelbotschaft „Abwenden“ nur durch sein Maul zu empfangen. Üben Sie so wenig Druck wie möglich aus. Versteht das Pferd die Anweisung nicht, ziehen Sie nicht etwa stärker am Zügel, sondern verstärken Sie Ihre Körper- und Fokus-Signale. Dann wiederholen Sie die Zügelhilfe in gleicher Stärke. Dadurch lernt das Pferd, daß Kommunikation nicht nur durch das Maul stattfindet. Es konzentriert sich weniger auf das Gebiß und dafür auf Ihre Fokus-Signale.

Schlagen Sie Ihr Pferd niemals mit den losen Zügelenden. Fügen Sie ihm überhaupt nie damit Schmerz zu, auch wenn es kaum ein „Schmerz“ zu nennen ist. Wenn Sie im frühen Trainingsstadium einmal nicht um eine etwas schärfere Form der Anweisung herumkommen, nehmen Sie Ihre Hand, und zwar in beruhigender Form. Es ist zwar richtig, daß ein Pferd sich gewöhnlich von einem Reiz (Gerte, Zügel usw.) weg in die andere Richtung bewegt, aber es mit den Zügeln zu schlagen trägt nicht zur Erreichung unseres Ziels, dem Aufbau einer gesunden Arbeitsbeziehung, bei.

Ich habe sehr lange jeweils allein mit einem Pferd trainiert. Das mache ich heute nicht mehr, denn Beziehungstraining muß von Pferd und Reiter oder Besitzer gemeinsam erlernt und angewendet werden. Die Feinheiten dessen, was zwischen mir und dem Pferd vorgeht, nützen ihm nachher gar nichts, wenn der Besitzer sich nicht genauso verhält. Wenn ich gehe, möchte ich, daß der Besitzer mit dem Training weitermachen kann. Deshalb bestehe ich heute darauf, daß meine Kunden nach Möglichkeit immer dabei sind, wenn ich mit ihren Pferden arbeite.

Die Peitsche

Die kurze, geflochtene Lederpeitsche, *switch* genannt, war das Trainingsmittel der Indianer. Sie wurde mehr für einen Klatsch auf den Rücken, weniger als Peitsche oder überhaupt als Instrument zur Zufügung von Schmerz verwendet. So benutzt ist sie eine gute Verstärkung für Stimm-, Körper- und Fokus-Signale und kann besonders in den Anfangsphasen des Beziehungstrainings ein effektives Arbeitsmittel darstellen. Das einzige Problem ist, daß Sie Selbstdisziplin brauchen, damit nicht doch ein Instrument der Strafe daraus wird und Ihr Pferd es als Schlaginstrument sieht und nicht mehr als Arbeitsmittel. Die *switch* soll überreden, nicht befehlen.

Vorwegnahme

Es gibt entscheidende Augenblicke beim Beziehungstraining: wenn das Pferd anfängt, Ihre Wünsche vorwegzunehmen. Achten Sie darauf und lernen Sie sie erkennen. Schwatzen Sie nicht mit Freunden, laden Sie sie nicht ein, Ihnen beim Training zuzusehen, denn diese kurzen Momente sind sehr leicht zu verpassen. So lernen Sie, darauf zu achten:

Setzen Sie sich auf den bloßen Pferderücken und reiten Sie Schritt. Zentrieren und balancieren Sie Ihren Körper so aus, daß Sie sich beide bequem bewegen können, daß Sie sich also beide mühelos und dynamisch, aber ohne Verspannung bewegen und Ihr Pferd auf Sie achtet. Zum Anhalten ziehen Sie die Knie etwa zwei Handbreit hoch, so daß sie hinter dem Schulterblatt des Pferdes liegen. Gleichzeitig lehnen Sie sich aus der Hüfte zurück, ohne den Zügel loszulassen. Die Arme bleiben in der ursprünglichen Position. Allein durch das Zurücklehnen werden die Zügel leicht angenommen. Achten Sie dabei genau auf den Schritt Ihres Pferdes. Sobald Sie ein leichtes Zögern spüren, lassen Sie die Knie wieder fallen, setzen sich aufrecht hin und geben dadurch mit den Zügeln wieder nach. Dann wiederholen Sie die Übung.

Wenn das Pferd beginnt, Ihre Aufforderung zum Langsamerwerden vorwegzunehmen, sobald Sie die Knie hochziehen, ziehen Sie sie ein- oder zweimal hoch und bringen das Pferd vollständig zum Stehen, bevor Sie loslassen – die Knie, die Zügel – und das Gewicht zurückverlagern. Sehr bald wird Ihr Pferd vorausfühlen, wann Sie anhalten wollen. Von da an können Sie diesem Wunsch jederzeit mit Hochziehen der Knie und leichtem Zurücklehnen Ausdruck verleihen.

Sobald das Pferd die Signale Gewichtsverlagerung und Hochziehen der Knie verstanden hat, können Sie den Druck der Zügel zugunsten einer Verstärkung der anderen Signale immer mehr verringern. Sie nutzen die Vorwegnahme, ein sehr wichtiges Werkzeug in jeder Trainingsphase.

Vorwegnahme kann Fokussieren fördern oder zunichte machen. Deshalb ist es wichtig, die Art der Vorwegnahme zu kennen, die von Nutzen ist. In vielen Disziplinen wird den Pferden nicht erlaubt, etwas vorwegzunehmen, weil sie sich dann nicht mehr auf den Reiter konzentrieren. Diese negative Vorwegnahme zeigt sich, wenn Pferde mehr abgerichtet als geritten werden. Sie spulen dann ein Programm ab, weil sie wissen, was kommt. Auf den Reiter achten sie nicht und warten seine nächste Anweisung nicht ab. Positive Vorwegnahme bedeutet, daß das Pferd Ihre Wünsche erwartet und abwartet. Im Gegensatz zur negativen Vowegnahme wird die Konzentration des Pferdes auf den Reiter in diesem Fall geschärft. Ziel ist, die Zeit zwischen Wunsch und Ausführung derartig zu verkürzen, daß die gewünschte Bewegung fast augenblicklich ausgeführt wird. Wenn Sie diese entscheidenden Augenblicke der Vorwegnahme übersehen, verstehen Sie nicht, was Beziehungstraining überhaupt bedeutet.

Das Timing ist sehr wichtig im Trainingsverlauf. Wenn Sie nicht erkennen, daß Ihr Pferd Ihre Wünsche vorwegnimmt, versäumen Sie die Momente, in denen es seine optimale Lernfähigkeit erreicht. Wenn Ihr Pferd vorwegnimmt, versteht es. Wenn es versteht, lernt es leichter und besser. Es nicht sofort zu loben und zu belohnen, wenn es sich alle Mühe gibt, Ihre Wünsche zu verstehen und zu erfüllen, ist, als ob man ein Kind für ein Superschulzeugnis lobt, das es vor zwei Wochen nach Hause gebracht hat.

Lob

„Verwöhn dein Pferd nicht."

„Du verziehst es."

„Du machst ein Schoßtier daraus."

Solche Kommentare bekommen Reiter häufig zu hören, die ihre Pferde oft belohnen, wenn sie eine Anweisung korrekt befolgt haben. Unsere Ältesten lehren, daß man den belohnen sollte, der etwas gut gemacht hat. Unsere Pferde sind keine Ausnahme. Leckerbissen, Streicheln, Klopfen und freundliches Lob sind Teil des Beziehungstrainings. Sie werden nicht jedes Mal ausgeteilt, wenn das Pferd tut, was man von ihm verlangt. Aber es sollte anerkannt werden, wenn ein Pferd sich Mühe gibt, Ihre Kommunikation zu verstehen.

Man kann ein Pferd verziehen. Benutzen Sie deshalb Streicheleinheiten und Leckerbissen nicht als Bestechung. Aber stecken Sie sich ein paar Leckerli in die Tasche, und wenn Sie zu Ihrem Pferd sagen: „Das hast du fein gemacht – ich wollte, ich könnte dir zeigen, wie toll ich dich finde" – dann greifen Sie in die Tasche.

Mit Sattel, ohne Sattel und die Frage des Gleichgewichts

Reiter aller Disziplinen sollten mindestens zwei oder drei Monate ohne Sattel reiten. Besonders in den Anfangsphasen des Beziehungstrainings bringt Ihnen dies viel Gewinn. Ist eine gesunde Arbeitsbeziehung erst einmal aufgebaut, ist es für die meisten Reiter absolut ausreichend und vor allem praktischer, mit Sattel zu reiten.

Verwenden Sie einen Sattel „mit viel Kontakt", also einen, der Sie möglichst dicht ans Pferd bringt. Üppige Pauschen, wuchtige Sattelbäume und viel dickes Leder stören nur die Signalübermittlung zwischen Ihnen und dem Pferd. Der Sattel muß dem Pferd genau passen. Fragen Sie im Zweifelsfall einen Sattler, einen erfahrenen Ausbilder oder den Tierarzt um Rat, ob der Sattel richtig liegt, und vergessen Sie nicht, daß ein Pferd im Laufe der Jahre an Gewicht zulegt oder verliert, Muskeln auf- oder abbaut, und sich dadurch die Sattellage verändern kann. Ein Sattel, der dem Pferd vor drei Jahren (oder noch letzten Winter) gepaßt hat, muß ihm jetzt nicht unbedingt mehr passen.

Wichtig ist auch zu verstehen, daß die Körpersignale des Reiters subtiler ausfallen können, wenn er auf dem bloßen Pferderücken sitzt. Sie werden ein paar Anpassungen vornehmen müssen. Wenn Ihr Pferd daran gewöhnt ist, Schenkeldruck als Signal zu nehmen, müssen Sie ein Gleichgewicht entwickeln, das ohne die gleiche Art von Schenkeldruck funktioniert. Vermeiden Sie überhaupt, sich beim Reiten ohne Sattel mit den Beinen festzuklammern. Halten Sie das Gleichgewicht über Ihren Schwerpunkt.

Es mag verschiedene Definitionen für Gleichgewicht geben, aber grundsätzlich ist es die Haltung, in der Sie am wenigsten Gefahr laufen, vom Pferd zu fallen. Der beste Weg, ein Verständnis für Gleichgewicht zu entwickeln, ist, ein Pferd zwei oder drei Stunden ohne Sattel zu reiten. Wenn Sie locker und geschmeidig sind, spüren Sie, was Gleichgewicht ist. Wenn das Reiten ohne Sattel Sie nicht ins Gleichgewicht gebracht hat, haben Sie Gleichgewicht noch nicht erlebt. Das heißt nicht, daß Sie als Reiter nicht im Gleichgewicht sind, aber ohne körperlichen Kontakt zum Pferd ist wahres Gleichgewicht sehr schwer zu erreichen.

Ein Gleichgewicht, das im Sattel erlernt wurde, ist nicht das gleiche wie wahres Gleichgewicht. Ein Sattel sitzt mindestens ein paar Zentimeter über dem Rücken des Pferdes. Auch wenn Ihr Schwerpunkt nur so geringfügig höher liegt, ist es viel schwerer, sich im Sattel auszubalancieren. Sattelhorn, Hinterzwiesel, Pauschen, Steigbügel sollen Ihnen helfen, Ihr Gleichgewicht wiederzuerlangen, das Ihnen zuvor geraubt wurde.

Beim Reiten ohne Sattel geht es darum, die eigene Mitte zu finden. Zentriert sind Sie, wenn Sie Ihre Energie in einem Punkt etwas unterhalb des Nabels zusammenziehen, so daß Ihr Unterleib schwerer wird als der Oberkörper. Dabei entspannt sich Ihr Körper und balanciert sich aus. Wenn Sie sich ohne Sattel ausbalancieren und Ihre physische Mitte so nah wie möglich ans Pferd verlagern, lernen Sie viel schneller und wirksamer, sich auszubalancieren und Ihren Körper zu zentrieren.

Verwenden Sie auch kein Sattelkissen. Ein Sattelkissen ist ein gepolstertes Stück Tuch oder Stoff, oft aus Kunststoff, geschnitten wie ein englischer Sattel und mit einem Gurt. Manche haben vorn Griffe, manche sogar Steigbügel. Sie werden aus verschiedenen Gründen gekauft – weil man nicht so schmutzig wird, weil Reiter oder Pferd ein Polster brauchen oder weil sie mehr Stabilität versprechen. Sattelkissen können aber ausgesprochen gefährlich werden. Sie rutschen herum und lenken Ihre Aufmerksamkeit ab – vom Pferd auf das Kissen. Wenn Sie haltsuchend nach dem Griff greifen, finden Sie sich kopfüber unter dem Pferd hängend wieder. Wenn Sie versuchen, sich in die Steigbügel zu stellen, könnten Sie sich auch gleich auf den Boden stellen, denn dort landen Sie sowieso früher oder später. Das bißchen Schmutz, das Ihre Hosen ohne Unterlage abbekommen, spielt keine Rolle angesichts der Vorteile, die es Ihnen bringt, Körperkontakt mit Ihrem Pferd zu haben, ohne Gefahr und Störung durch ein Stück Stoff dazwischen.

. . . schließlich sind wir nur ein Teil der Schöpfung . . . und wir stehen zwischen Berg und Ameise, irgendwo und nur da, als wesentlicher Bestandteil der Schöpfung.

Oren R. Lyons, Onondaga

. . . we are after all
a mere part of Creation . . .
And we stand between
the mountain and the ant,
somewhere and only there,
as part
and parcel
of the
Creation.

—Oren R. Lyons, Onondaga

Die Hilfsmittel für das Beziehungstraining sind genau das: Hilfsmittel. Sie können dazu dienen, die Beziehung, an der wir arbeiten, zu erschaffen, in Ordnung zu bringen oder zu verbessern. Wenn wir uns dieser Hilfsmittel ganz selbstverständlich bedienen, im Einklang mit unserem Verständnis von Pferden, werden unsere Bemühungen reich belohnt. Sie helfen uns, Harmonie innerhalb unserer Zweier-Herde zu erreichen.

Wenn Sie sich Sorgen darüber machen, daß der Schöpfer Sie nicht gerade üppig dafür gepolstert hat, ein Pferd ohne irgendeine Art von Sattel zu reiten, kann ich Sie beruhigen. Ich habe an diversen 30–50km-Distanzritten teilgenommen, ohne Sattel oder auch nur ein Kissen. Ich habe solche Ritte auch schon mit Sattel absolviert und einmal mit einem Sattelkissen. Wenn ich ohne Sattel reite, bin ich meist derjenige, der nach dem Ritt noch laufen kann, der sich nicht wundgescheuert und keine Blasen hat, und derjenige, der bei einem kühlen Morgenritt keine Probleme hatte, warm zu bleiben.

3

Übungen zum Beziehungstraining

Die folgenden Übungen können Ihnen helfen, die Beziehung zu Ihrem Pferd zu stärken. Sie sind alle dazu gedacht (und am wirkungsvollsten), auf dem bloßen Pferderücken ausgeführt zu werden. Ein paar Übungen habe ich abgewandelt, aber die meisten wurden innerhalb der Stämme von Generation zu Generation überliefert.

Die Zeit spielt dabei eine bedeutende Rolle. Sie ist die erste und wichtigste Übung. Beziehungstraining besteht darin, Ihr Pferd kennenzulernen, damit Sie sich mit ihm verständigen können. Wenn diese Verständigung in beiden Richtungen funktionieren soll, müssen Sie wissen, wie Sie Botschaften von Ihrem Pferd empfangen können, und dazu müssen Sie das Pferd verstehen.

Einmal war ich beim Training mit einem meiner Pferde an einem toten Punkt angelangt. Seine Reaktionen auf meine Anweisungen waren unberechenbar geworden. Das Pferd erschien launisch und unbeständig. Ich bat einen Stammesältesten, mir dabei zu helfen, das Problem zu erkennen und zu lösen. Nun müssen Sie wissen, daß ältere Indianer gern eine Frage mit einer Gegenfrage beantworten, in der Hoffnung, daß der Fragesteller so selbst die Antwort findet. Er fragte mich: „Welches Gras frißt dein Pferd am liebsten? Mit welchem Fuß tritt es an, wenn es abwärts geht? Wie oft schläft es tagsüber? Hat dein Pferd Freude an der Gesellschaft bestimmter Vögel?"

(Fortsetzung nächste Seite)

Übung eins

Verbringe einen Tag mit deinem Pferd

Einen Tag mit Ihrem Pferd zu verbringen ist vielleicht das wichtigste Hilfsmittel in diesem oder jedem anderen Buch über Pferde. Es ist von Laien und Experten gleichermaßen zu verwenden und erfordert keine besonderen Talente oder Fähigkeiten, um erstaunliche Ergebnisse zu erzielen.

Es ist eine der absolut einfachsten Übungen in diesem Buch und kann zugleich die sein, die Ihnen am meisten bringt. Sie müssen nur Ihren Zeitplan und Ihren Kopf frei machen von anderen Dringlichkeiten, Plänen und Problemen. Stehen Sie kurz vor Tagesanbruch auf und gehen Sie zu Ihrem Pferd. Wenn es in einem Stall untergebracht ist, suchen Sie sich einen bequemen Platz, von wo aus Sie es beobachten können. Steht es auf der Weide, postieren Sie sich so, daß Sie nicht zuviel Aufmerksamkeit auf sich ziehen. Die Pferde werden Sie sicherlich registrieren und vielleicht erwarten, gefüttert zu werden. Verhalten Sie sich still und unauffällig. Sprechen Sie kein Pferd an, fassen Sie sie nicht an. Sie sind nur stiller Beobachter. Füttern Sie Ihr Pferd eventuell zur gewohnten Zeit, aber mischen Sie sich nicht ein, wenn gewöhnlich jemand anders die Pferde füttert. Versuchen Sie, weitgehend Teil der Umgebung Ihres Pferdes zu werden.

Achten Sie darauf, was Ihr Pferd tut und warum. Sie können eine Antwort auf Tausende von Fragen finden, indem Sie Ihr Pferd nur passiv beobachten. Welchem anderen Herdenmitglied fühlt es sich am engsten verbunden? Mit welchen hat es kleine Kabbeleien auszutragen? Wie verlaufen sie – behält es die Oberhand oder gibt es nach? Sucht es – positiv oder negativ – Körperkontakt zu anderen Pferden? Ist es eher geduldig, wenn andere Pferde es bedrängen? Wie verhält es sich, wenn ein anderes Pferd es zur gegenseitigen Fellpflege oder zum Fliegenverscheuchen auffordert?

Ist es wählerisch und sucht sich nur die schmackhaftesten Gräser in seinem Umkreis aus oder frißt es wie ein Staubsauger alles in sich hinein? Wo legt es sich am liebsten hin? Bleibt es in der Herde oder wandert es allein (oder mit einem Freund) ab? Wiehert es mehr oder weniger als die anderen Pferde seiner Herde? Wann und warum? Sieht es zu, wenn die anderen einen munteren Galopp vorlegen? Ist es der Initiator eines allgemeinen

Galopps? Beteiligt es sich überhaupt, oder beobachtet es nur? Beobachtet es seine Umgebung aufmerksamer als die anderen – horcht es mehr auf Geräusche, hört es auf zu fressen, um sich umzusehen, und braucht es länger als die anderen, bis es Störungen nicht weiter beachtet?

Wie reagiert es, wenn Menschen an den Zaun kommen oder in die Weide hineingehen, auf Pferde oder Hunde jenseits des Zauns? Beachtet es sie nicht? Wie lange? Nähert es sich ihnen freundlich? Verteidigt es sein Territorium? Läuft es hinterher, wenn ein anderes Pferd von der Weide geholt wird? Versucht es mitzugehen? Schnappt es nach dem Pferd, das weggeführt wird? Drängt es sich an den Menschen heran und bettelt um Leckerbissen oder Beachtung? Spielt es mit dem Wasser im Trog, knabbert es an Ästen oder Zaunpfählen, scharrt es viel, schüttelt es den Kopf oder scheuert es sich am Zaun?

Das sind nur einige Beispiele für die Fragen, die Sie beantworten können, wenn Sie einen Tag mit Ihrem Pferd verbringen. Würden Sie das öfter tun, würden Sie feststellen, daß sich diese Antworten mit der Laune des Pferdes, dem Hormonwechsel, der körperlichen Kondition und den Jahreszeiten sogar ändern können.

Lernen Sie Ihr Pferd so gut kennen wie nur möglich. Wenn Sie ergründen, warum Ihr Pferd etwas tut, sind Sie auch auf dem besten Weg herauszufinden, wie Sie sich ihm am besten verständlich machen können. Pferde sind Individuen, und solange wir das Individuum nicht verstehen, können wir nicht erwarten, daß das Individuum uns versteht.

Wie Sie sich vorstellen können, war meine Antwort auf all diese Fragen: „Weiß ich nicht." Darauf sagte er: „Verbring einen Tag mit deinem Pferd." Und das tat ich dann auch. Ich beobachtete, daß mein Pferd wegscheute, wenn andere Pferde sich ihm von rechts näherten. Offensichtlich wollte er irgend etwas auf dieser Seite schützen. Später, als ich ihn im Stall genauer untersuchte, stellte ich fest, daß mit seiner Hüfte etwas nicht in Ordung war. Hätte ich ihn nicht in Gesellschaft anderer Pferde auf der Weide beobachtet, wäre mir die Unregelmäßigkeit nicht aufgefallen, bis sie sich verschlimmert hätte. Auch der Tierarzt hatte nichts gefunden. Seitdem habe ich viele Tage damit verbracht, meinem Pferd auf der Weide zu folgen, seine Alltagsgewohnheiten zu beobachten und es kennenzulernen.

Übung zwei

Einführung der Hilfsmittel

Es ist wichtig, daß das Pferd die Hilfsmittel, die Sie zur Verständigung benutzen, hundertprozentig akzeptiert. Ein Hilfsmittel ist alles, was während des Trainings oder beim Reiten eingesetzt wird und mit dem das Pferd nichts zu tun hätte, wäre es in Freiheit. Auch Sie selbst sind ein Hilfsmittel, zusammen mit Ihrer Stimme, Ihrem Gewicht, Ihren Bewegungen, Ihren Händen.

Diese Übung wird jedes Mal gemacht, wenn ein neues Hilfsmittel eingeführt wird. Das Ziel ist, daß das Pferd diese Dinge als Teil seines Alltags betrachten lernt. Das Pferd muß außerdem verstehen, daß diese Dinge immer dann eingesetzt werden, wenn eine neue Aufgabe zu bewältigen ist. Das Verfahren ist immer das gleiche, unabhängig von dem neu einzuführenden Hilfsmittel.

Das erste Hilfsmittel, das Ihr Pferd kennenlernen muß, sind Ihre Hände. Sie müssen jeden Bereich am Körper Ihres Pferdes berühren und manipulieren können. Fahren Sie mit den Händen über den ganzen Pferdekörper, als wollten Sie ihn bürsten. Achten Sie auf die Reaktionen des Pferdes. Es gibt vielleicht einige Bereiche, wo es sich nicht so gern berühren läßt. Diese empfindlichen oder kitzligen Stellen sind besonders wichtig. Für diese Empfindlichkeit kann es verschiedene Gründe geben, von chiropraktischen Problemen über Narben bis zu guten oder schlechten Erfahrungen, die das Pferd dazu bringen, bestimmte Körperstellen mit bestimmten Reaktionen in Verbindung zu bringen. So mag ein Pferd, das grob behandelt oder öfter ins Gesicht geschlagen wurde, unruhig werden, wenn sich Ihre Hände seinem Kopf nähern. Dagegen zeigt ein Pferd, das auf der Koppel den Körperkontakt zu seinen Artgenossen genießt, vielleicht Zuneigung und Wohlbehagen, wenn Sie ihm über Mähne und Widerrist streichen. Viele Pferde sind kitzlig am Bauch und an den Flanken.

Auf diese empfindlichen Stellen müssen Sie sich konzentrieren. Läßt Ihr Pferd sich zum Beispiel nicht gern an die Ohren fassen, versuchen Sie, mit bewußt langsamen, festen Bewegungen sein Vertrauen zu gewinnen. Reiben Sie die Ohren kräftig, aber packen oder drücken Sie sie nicht. Beobachten Sie die Reaktion des Pferdes. Drückt es aus: „Ich mag das nicht!“,

lassen Sie die Hände sofort den Hals hinunterwandern und streicheln weiter. Dann gehen Sie einige Male zu den Ohren zurück, hören aber immer sofort wieder auf, wenn seine Toleranzgrenze erreicht ist. Bleiben Sie ruhig und freundlich. Sie sollen Ihr Pferd nicht unterwerfen. Die Toleranz Ihres Pferdes wird mit jedem Mal zunehmen.

Es gibt einen entscheidenden Augenblick, den Sie nicht verpassen dürfen. Irgendwann einmal wird Ihr Pferd ausdrücken: „Jetzt reicht's mit dieser Ohrgeschichte!" Vielleicht wirft es den Kopf hoch oder tritt einen Schritt zurück. Das bedeutet in etwa: „Ich verstehe, was du willst, aber ich mag es immer noch nicht, wenn du meine Ohren anfaßt." Dann streichen Sie noch einmal kurz über die Ohren und dann den Hals entlang nach unten. Meist werden Sie feststellen, daß das Pferd „diese Ohrengeschichte" jedes Mal länger toleriert.

Wenn das Pferd sich ohne Unmutsäußerungen mit der Hand überall am Körper berühren läßt, gehen Sie mit allen weiteren Hilfsmitteln genauso vor. Als nächstes machen Sie es mit der *switch* vertraut, der kurzen Gerte oder vielmehr Klatsche. Machen Sie die Übung auch dann, wenn Sie schon seit Jahren mit Gerte reiten. Streifen Sie das Pferd überall damit ab und achten Sie wieder auf empfindliche Stellen. Es soll ruhig bleiben, aber Sie müssen auch Rücksicht nehmen auf seine Toleranzschwelle. Wenn es an denselben Stellen empfindlich reagiert wie vorher beim Abstreichen mit der Hand, streichen Sie diese Stellen zunächst wieder mit der Hand ab. Entdecken Sie neue Stellen, die dem Pferd unangenehm sind – gewöhnlich am Rumpf oder am Hals, wo es vorher vielleicht mit der Gerte gestraft wurde –, arbeiten Sie wieder mit der Hand und achten dabei genau auf seine Reaktionen. Am besten halten Sie dabei die Klatsche mit den Lederstreifen nach unten, damit das Pferd nicht denkt, Sie wollen es schlagen.

Wenn Ihr Pferd gezeigt hat, daß ihm die Klatsche nichts mehr ausmacht, machen Sie es mit dem Zaum, dem Gebiß, der Decke und allen anderen Hilfsmitteln bekannt, die es akzeptieren soll. Lassen Sie das Pferd daran riechen, sie belecken oder sogar beknabbern. Pferde müssen Dinge mit Maul und Nüstern berühren, wenn sie sie kennenlernen wollen.

Wenn das Pferd all diese Hilfsmittel schließlich alltäglich oder gar langweilig findet, können Sie den nächsten Schritt machen. Diese Übung ist kein ständiger Bestandteil Ihrer Beziehung – hat das Pferd erst einmal Vertrauen zu Ihnen gefaßt, brauchen Sie sie nicht mehr zu wiederholen. Sollte allerdings das Pferd jemals wieder Furcht oder Unwillen gegenüber einem bestimmten Hilfsmittel zeigen, muß sie wiederholt und verstärkt werden. Die beste Zeit dafür ist während des Fütterns. Sobald das Pferd Zeichen von Unsicherheit bezüglich Ihrer Beziehung zeigt, lassen Sie ihm eine Ganzkörperbehandlung angedeihen.

Übung drei

Come, follow closely

Indianer hielten während dieser Übung gewöhnlich ein Stück Leder oder Stoff in der Hand. Es diente als Blickfang für das Pferd und zeigte ihm, worauf es seine Aufmerksamkeit konzentrieren sollte. Machen Sie es genauso. Nehmen Sie ein Stück Stoff in die Hand, aber wedeln Sie nicht damit herum, berühren Sie das Pferd auch nicht damit – Sie haben es einfach dabei. Es dient hier nur dem Zweck, daß das Pferd es mit Gelegenheiten assoziieren lernt, bei denen es mit Ihnen kommuniziert, lernt und gelobt wird. Wenn das Tuch im Gesichtskreis des Pferdes auftaucht, wird es eingestimmt auf eine Lektion. Seine Aufmerksamkeit wird geweckt, sobald es das Tuch sieht. Das soll nicht heißen, daß Aufmerksamkeit und Kooperation ohne das Tuch nicht möglich sind – Aufmerksamkeit und Kooperation entwickeln sich aus Ihrer Beziehung. Aber das Tuch und die Assoziationen, die es beim Pferd auslöst, helfen Ihnen, das Pferd in die richtige Stimmung zu bringen. Es weiß dann, daß es mit Ihnen gleich an etwas arbeiten wird, das seine Aufmerksamkeit erfordert.

Zu Beginn dieser Übung führen Sie das Pferd. Die Leine sollte am besten ca. 2,50 m lang sein. Nehmen Sie das Ende in die Hand und stellen Sie sich dem Pferd gegenüber. Halten Sie die Hand ungefähr einen halben Meter von der Pferdenase entfernt auf der Höhe, in der das Seil oder die Leine am Halfter befestigt ist. Damit können Sie noch drei oder vier Schritte rückwärts gehen, bevor sich die Leine strafft. Das Pferd hat die Chance zu verstehen, was Sie von ihm wollen, bevor Sie zwangsläufig am Halfter ziehen. Ihre Absicht sollte nicht auf Ziehen (bittend oder fordernd) gerichtet sein, sondern auf Führen (durch Beispiel).

Gehen Sie rückwärts und halten Sie dabei freundlichen Augenkontakt mit Ihrem Pferd. Ermutigen Sie es ohne Worte und achten Sie auf seine Bewegungen. Loben Sie es, sobald es einen Schritt in Ihre Richtung macht. Lassen Sie ihm einen Augenblick Zeit, die Verbindung zwischen der Bewegung und dem Lob zu erkennen, und wiederholen Sie dann die Übung. Die meisten Pferde folgen schon nach wenigen Versuchen auf den ersten Schritt.

In der nächsten Stufe lernt das Pferd anzuhalten, nachdem es Ihnen zu folgen begonnen hat. Nehmen Sie die Leine, schauen Sie das Pferd an und gehen Sie wie zuvor rückwärts. Folgt das Pferd, machen Sie noch ein paar Schritte und halten dann abrupt an. Sobald das Pferd zögert oder Anstalten macht anzuhalten, gehen Sie auf es zu und klopfen oder loben es. Wiederholen Sie dies einige Male und loben Sie es jedes Mal dafür, daß es Ihrem Beispiel folgt.

Wenn das Pferd begriffen hat, daß es Ihnen folgen soll – wenn es immer und sofort reagiert –, machen Sie die Übung statt aus dem Halten aus dem Gehen. Je unmittelbarer das Pferd für seine Reaktionen belohnt wird, desto schneller begreift es, für welchen Teil der Übung es gelobt wird. Anfangs ist der Blickkontakt wichtig, aber nach kurzer Zeit können Sie die Übung auch im Vorwärtsgehen neben dem Pferd ausführen.

Sobald das Pferd Ihnen folgt wie ein Schatten, bringen Sie ihm bei, wann es folgen soll und wann nicht. Das lernt es hauptsächlich durch Körpersprache. Gehen Sie aus dem Halten langsam rückwärts von Ihrem Pferd weg. Wechseln Sie in der Körperhaltung von freundlich auffordernd zu mehr Distanz, als ob Sie das Pferd im Geiste auf Armeslänge entfernt halten wollten. Konzentrieren Sie sich auf die Vorderbeine des Pferdes und stellen Sie sich vor, es wären in den Boden zementierte Säulen. Vermeiden Sie Blickkontakt. Halten Sie das Tuch unbeweglich in der Faust. Macht das Pferd Anstalten, Ihnen zu folgen, gehen Sie einen Schritt vorwärts, damit es anhält, aber loben Sie es nicht wie sonst. Will es folgen, zögert aber dann, gehen Sie vorwärts und loben es. Zählen Sie jedesmal, wenn Sie sich vom Pferd entfernen, die Sekunden, bis es sich in Bewegung setzt. Das Ziel besteht darin, daß das Pferd immer länger still stehen bleibt.

Vermeiden Sie Stimmhilfen zu diesem Zeitpunkt. Ihr Pferd lernt bald, aus Ihren Körpersignalen, Ihrer Körpersprache zu erkennen, was Sie ihm mitteilen wollen. Wenn Sie sich im Geiste auf Bilder wie Bewegung oder Stillstehen konzentrieren, übermitteln Sie Botschaften auf natürliche Weise. Pferde können diese Körpersprache lesen. Wollen Sie zum Beispiel, daß das Pferd stehen bleibt, bis es eine andere Anweisung erhält, vermeiden Sie Blickkontakt, umklammern das Tuch und stellen sich vor, das Pferd hätte Beine aus Zement. Aber Sie senden noch andere Signale aus. Wahrscheinlich stehen Sie mit geschlossenen Füßen, beißen leicht die Zähne zusammen, spannen die Schultern an und runzeln die Stirn. Diese Körpersprache ist beim Menschen natürlicher Ausdruck des Gedankens „nicht bewegen“. Diese Signale sind automatische Reaktionen; versuchen Sie nicht, Sie bewußt auszusenden.

Diese Übung ist nicht körperlich anstrengend, verlangt beiden Beteiligten, dem zwei- wie dem vierbeinigen, aber ein Höchstmaß an Konzentration ab. Schrauben Sie Ihre Erwartungen nicht zu hoch. Verlangen Sie nicht, daß das Pferd eine dreiviertel Stunde still dasteht und Sie anstarrt, obwohl dies nach drei oder vier Jahren Training möglich sein sollte. Machen Sie die Übung nur so lange, wie es die Konzentrationsfähigkeit des Pferdes erlaubt. Die Zeitspanne wird mit jeder Übung länger werden. Hat Ihr Pferd begriffen, wie und wann es Ihnen folgen soll, machen Sie ein lustiges Spiel daraus. Es ist auch eine gute Idee, diese Übung immer dann als Auffrischung zu wiederholen, wenn das Pferd etwas Neues lernen soll.

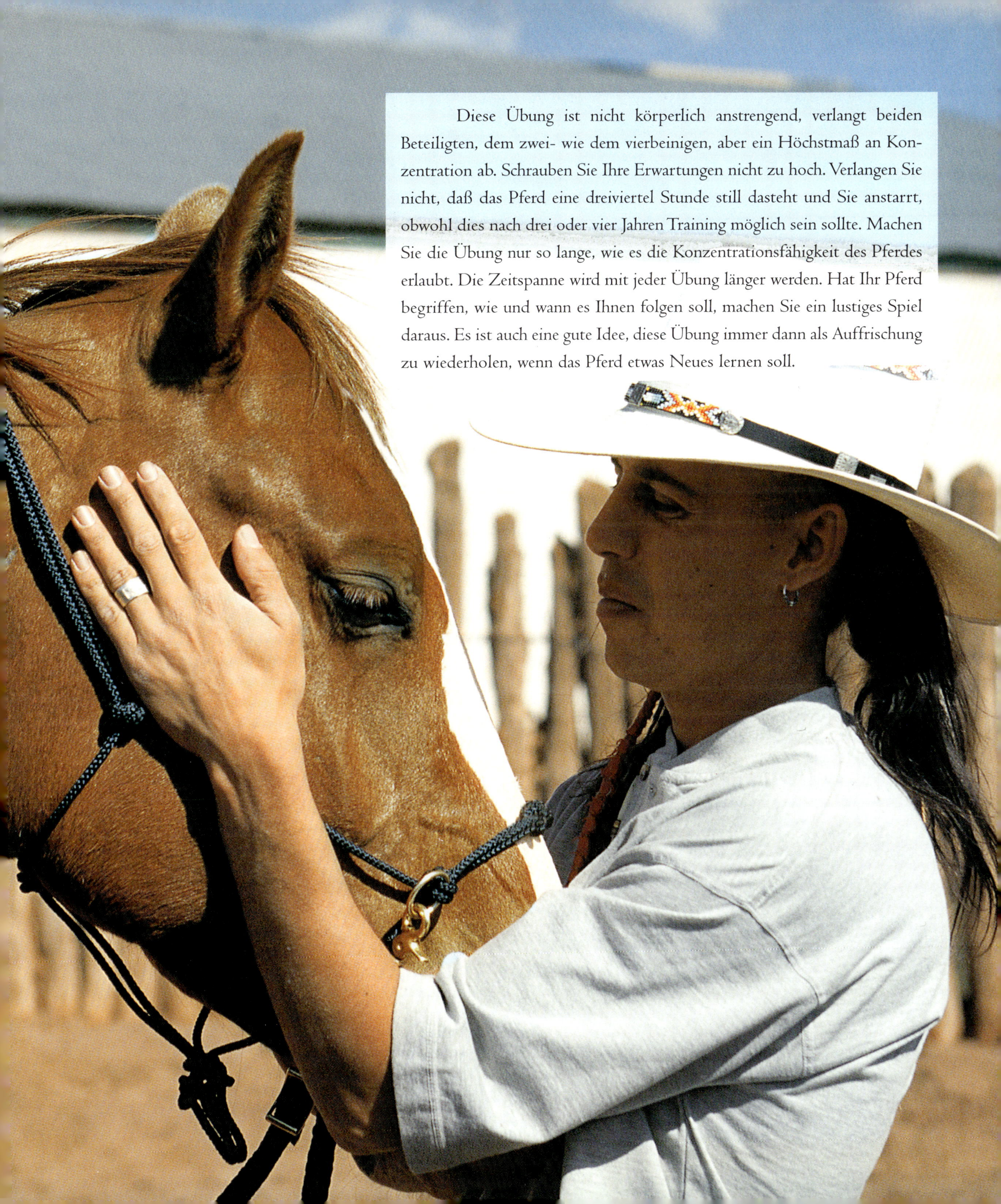

ÜBUNG VIER

Aufsitzen

DAS AUFSITZEN SOLLTE IN EINER LEICHTEN, FLIESSENDEN BEWEGUNG erfolgen und weder beim Reiter noch beim Pferd das Gleichgewicht beeinträchtigen. Ohne Steigbügel hat es zwar etwas von Gymnastik, aber mit der richtigen Technik ist die Aufgabe schnell und flüssig zu meistern. Hochspringen, mit dem Bauch auf dem Pferderücken landen und dann das Bein über das Pferd schwingen ist nicht die ideale Form des Aufsitzens. Die Bewegung ist nicht fließend, und außerdem sind Reiter und Pferd einen Augenblick verletzlich und aus dem Gleichgewicht. Es geht auch besser.

Stellen Sie sich mit Blick zur Kruppe dicht neben das Pferd. Ihre Schulter sollte ca. 20 oder 30 cm vom Widerrist entfernt sein, und wenn Sie von links aufsitzen, sollte Ihr linker Fuß ungefähr 10 cm neben dem linken Vorderhuf des Pferdes stehen. Verlagern Sie Ihr Gewicht auf das linke Bein und schwingen Sie das rechte ein-, zweimal vor und zurück. Legen Sie die linke Hand zeltförmig über den Widerrist – die Finger auf der rechten Seite, den Daumen auf der linken. Die Zügel halten Sie in der linken Hand.

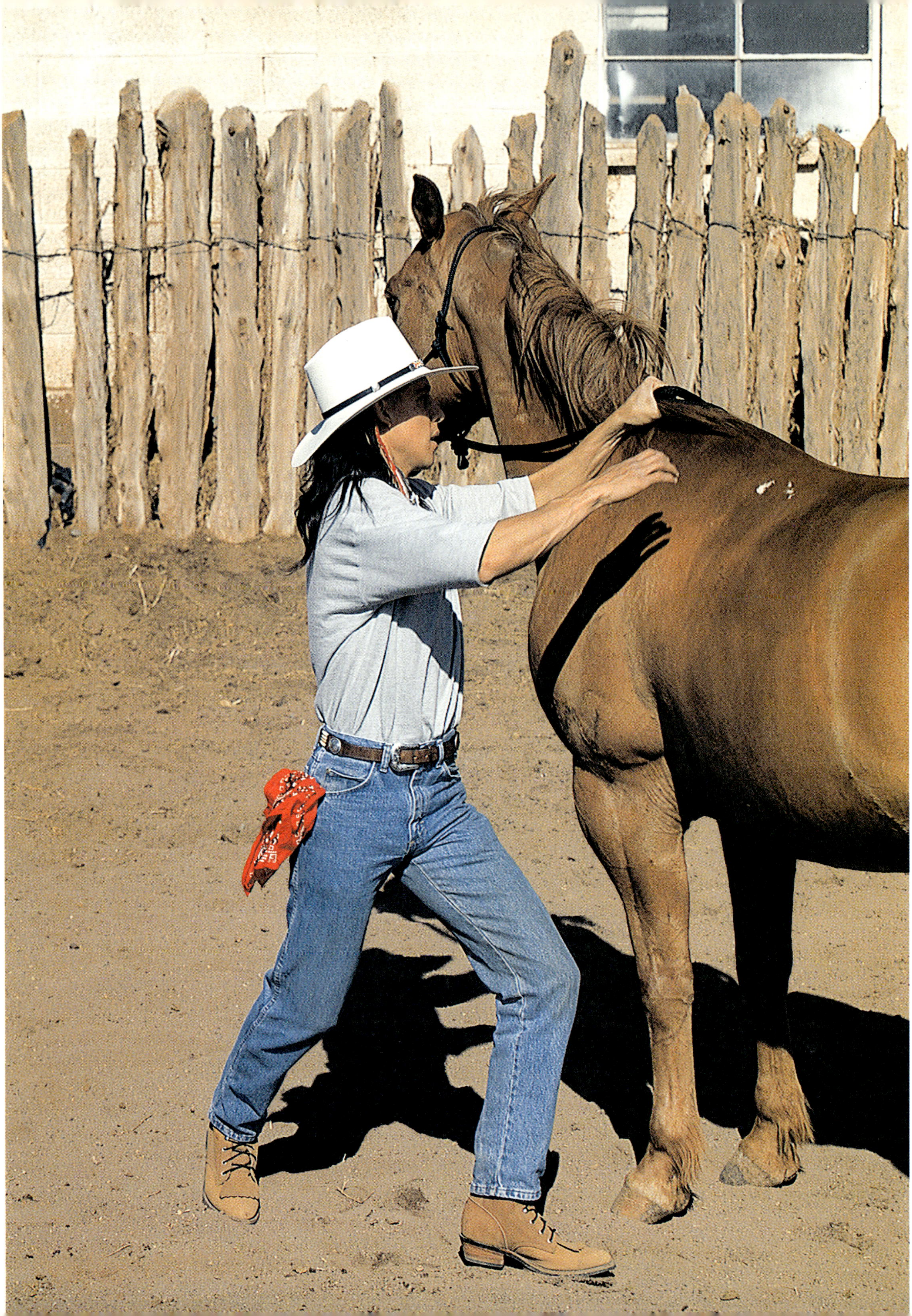

Schwingen Sie das rechte Bein weit zurück, dann vorwärts und in Richtung Pferderücken. Das linke Bein bleibt stehen, bis der Schwung des rechten es vom Boden löst. Ziel ist es, das rechte Bein hoch und über den Pferderücken zu schwingen, so daß Sie mit der rechten Kniekehle auf der rechten Seite des Pferdes landen, ungefähr in der Mitte des Rumpfes. Schwingen Sie das rechte Bein so gestreckt wie möglich nach vorne-oben. Wenn Sie es abbiegen, bleiben Sie wahrscheinlich mit dem Fuß auf der linken Seite hängen. Wenn Ihr Knie auf der rechten Seite des Pferdes gelandet ist, strecken Sie das Bein aus und verlagern das Gewicht auf einen imaginären rechten Steigbügel. Dadurch dreht sich Ihr Körper, so daß Sie in die gleiche Richtung blicken wie das Pferd, und durch den Schwung löst sich Ihr linkes Bein vom Boden.

Halten Sie die linke Hand währenddessen ganz ruhig. Sie ist nicht zum Hochziehen da, sondern als stabilisierendes Element. Folgende Übung soll Ihnen die Rolle der linken Hand verdeutlichen: Stellen Sie sich eine Armlänge von einer Wand entfernt auf, ohne sie zu berühren, und heben Sie ein Bein. Merken Sie sich, wie lange Sie auf einem Bein stehen können, ohne das Gleichgewicht zu verlieren. Nun machen Sie das gleiche noch einmal, berühren aber mit einem Finger die Wand. Jetzt können Sie so lange auf einem Bein stehen, ohne die Balance zu verlieren, bis Ihr Bein müde wird.

Der eine Finger genügt, Sie im Gleichgewicht zu halten, weil er einen Bezugspunkt darstellt, an dem Ihr übriger Körper sich ausrichten kann.

Beim Aufsitzen erfüllt Ihre linke Hand die gleiche Funktion – sie ist ein fester Bezugspunkt.

Sobald Ihr rechtes Knie die rechte Seite des Pferdes berührt, legen Sie den rechten Arm rechts vom Widerrist. Weil Sie das rechte Knie und den rechten Arm gleichzeitig nach rechts gebracht haben, liegen Sie nun mit dem Gesicht nach vorn auf dem Bauch über dem Widerrist, das Gesicht auf der rechten Halsseite des Pferdes. Biegen Sie den rechten Arm rechtwinklig ab und nehmen Sie ihn mit nach links, während Sie Ihr Gewicht in den imaginären rechten Steigbügel verlagern und sich aufrichten. Das bringt Sie in die richtige Sitzhaltung.

Üben Sie diese Art des Aufsitzens einige Male mit einem ruhigen Pferd, und lassen Sie es dabei von einem Freund halten. Gewöhnen Sie Ihr Pferd stufenweise an die Übung. Legen Sie ihm den Arm über den Widerrist und den Rücken. Schwingen Sie das rechte Bein vor und zurück, damit ihm die Bewegung vertraut ist. Machen Sie ein paarmal Ansätze aufzusitzen und loben Sie das Pferd ausgiebig, wenn es still stehen bleibt. Lassen Sie es von einem Freund halten, wenn Sie das erste Mal wirklich aufsitzen.

Übung fünf

Fokussieren vom Sattel aus

Nachdem sich das Pferd an Sie und alle verwendeten Hilfsmittel gewöhnt hat und sich zu Ihrer Zufriedenheit führen läßt, ist es nun an der Zeit, die Verwendung von Fokussignalen vom Pferderücken aus zu lernen. Mit dieser Übung gewöhnen Sie sich ab, sich auf körperliche Hilfen zu verlassen; statt dessen lernen Sie eine Kommunikation vermittels Fokus: Sie lenken Ihr Pferd nur durch Fokussignale. Von unerfahrenen Indianern wurde diese Übung ohne Zügel und ohne Mundstück verlangt, außerdem durften sie nicht mit ihrem Pferd sprechen. An diesem Punkt beginnt bei vielen Reitern die gerade erst etablierte Kommunikation zu bröckeln.

Menschen fühlen sich am wohlsten auf ihren zwei Beinen. Auch die erfahrensten Reiter werden sich wohler fühlen, wenn sie auf dem Boden stehen, als wenn sie auf dem Pferd sitzen. Wenn wir reiten, können wir nicht die gleiche Energie auf die Verständigung verwenden wie bei Übungen vom Boden aus, denn ein Teil unserer Energie wird dafür gebraucht, uns auszubalancieren und nicht herunterzufallen.

Sie werden einen Sitz entwickeln müssen, der es Ihnen erlaubt, bequem, selbstsicher, effektiv und ausbalanciert auf dem bloßen Pferderücken zu sitzen. Im Schritt müssen Ihre Schultern gerade über den Hüften liegen, Ihr Rücken muß ganz entspannt und gerade sein. Sie dürfen nicht mit rundem Rücken und runden Schultern nach vorn fallen. Ihre Hüften müssen die Bewegung des Pferdes absorbieren und mitschwingen, Ihre Mittelpositur – zwischen Hüften und Brustkorb – sollte sich in fließender Bewegung befinden. Die Schultern sind entspannt und bewegen sich kaum, so daß der Oberkörper nicht wild herumschaukelt. Hinter dem Schulter-

blatt des Pferdes werden Sie eine Vertiefung spüren, in die Ihre Beine hineinpassen, als wäre sie dafür gemacht. Rutschen Ihre Beine nicht wie von selbst in diese Vertiefung, setzen Sie sich ein wenig weiter nach vorn, in Richtung Widerrist. Das Gefühl für diese Vertiefung entwickelt sich am besten, wenn Sie ohne Sattel bergab reiten. Lehnen Sie sich zurück und stellen Sie sich in die imaginären Steigbügel, während Ihre Zehenspitzen nach unten zeigen. Ihre Beine können so hinter einer Art natürliche Pauschen liegen, gebildet aus den Schultermuskeln des Pferdes. In dieser Vertiefung sollten Ihre Beine bei den meisten Übungen ohne Sattel liegen. Haben Sie diese Vertiefung einmal erspürt und nutzen gelernt, wird Ihnen selbst das Leichttraben nicht mehr schwerfallen.

Auf dem Pferd entspannen Sie sich und achten auf Zeichen, mit denen das Pferd Ihnen seine Aufmerksamkeit zuwendet: Ein Ohr oder beide sind Ihnen zugewandt, das Pferd steht ruhig und wartet auf Ihre Anweisungen. Es wiehert nicht nach seinen Artgenossen oder wandert unkonzen-

Anfangs läßt sich das Beziehungstraining nicht immer durchhalten, aber die Abweichungen sollten so gering wie möglich sein.

Mein anderes Pferd Mihunka, ein dreijähriger Wallach, ist ein Schatz. Er hat noch keinerlei schlechte Gewohnheiten oder Untugenden. Von Anfang an so ausgebildet, wie ich es für richtig halte, ist er hochsensibel. Ich möchte ihm nicht aus Eile oder Gedankenlosigkeit etwas Falsches beibringen.

Als ich das Gefühl hatte, er wäre soweit, nahm ich ihn mit auf einen kurzen Ausritt mit ein paar Freunden. Nach etwa einer Stunde kamen wir an einen tiefen Bach. Mihunka hielt ganz offensichtlich nichts von brusttiefem kaltem Wasser. Zehn Minuten tanzte er am Ufer herum, dann entschloß er sich, ans andere Ufer zu springen. Er schaffte es nicht ganz, schlug mit einem Vorderhuf an einen großen Stein und scheute. Ich konnte ihn nicht gleich bremsen. Obwohl er gelernt hatte, auf leisen

(Fortsetzung nächste Seite)

triert über den Platz oder durch den Paddock. Sitzen Sie still und ausbalanciert auf seinem Rücken und verwenden Sie zur Verständigung die gleichen Signale wie vom Boden aus. Richten Sie Ihren Blick auf eine bestimmte Stelle, zu der Sie reiten wollen. Verlassen Sie sich einzig und allein auf die gleichen fokussierten Anweisungen, die Sie dem Pferd auch vom Boden aus gegeben haben. Wenn Sie merken, daß Sie sich ein wenig vorneigen, wenn Sie Ihr Pferd zum Vorwärtsgehen animieren wollen, so ist das in Ordnung. Die Tendenz, den Schwerpunkt in die Richtung zu verlagern, in die man sich bewegen will, ist eine natürliche Reaktion auf die geistige Konzentration auf die Vorwärtsbewegung. Dieses Vorneigen sollte aber nicht überbetont werden, damit es nicht zum primären Mittel der Verständigung wird. Macht Ihr Pferd auch nur einen halben Schritt in die fokussierte Richtung, ohne dabei auf ein vorher erlerntes Körpersignal zu reagieren, loben Sie es sofort und ausgiebig. Dies ist ganz sicher ein Moment, in dem Leckerbissen angebracht sind. Statten Sie sich also damit aus.

Falsch gemacht, kann diese Übung ungeheuer frustrierend sein. Es ist schwierig, ein Pferd zu lenken, wenn man hinter seinem Kopf und außerhalb seines Blickwinkels sitzt. Heute lernen die Menschen linear reiten, mit bestimmten Anweisungen, was sie mit jedem Teil ihres Körpers zu tun haben. Fokus-Reiten erfordert die Verwendung solcher ungreifbarer Dinge wie Instinkt, Konzentration und Intuition. Im Beziehungstraining müssen Sie Ihre ungreifbaren Fähigkeiten ausbilden, und die Ergebnisse werden der Mühe wert sein, Ihre ganze Vorgehensweise zu überdenken und zu erneuern.

Führen Sie zum Üben Ihr Pferd zuerst vom Boden aus wie in der vorigen Übung. Konzentrieren Sie sich darauf, wo Sie hin wollen – Sie, nicht das Pferd. Es ist Ihre Aufgabe, das Pferd zu führen – nicht zu kommandieren. Wenn Sie aufsitzen und vergessen haben, was Sie dachten, als Sie das Pferd vom Boden aus führten, steigen Sie wieder ab und achten Sie bewußt auf Ihre mentalen und fokussierten Signale. Der wichtigste Teil dieser Übung besteht darin, nicht wieder ins Kommandieren zu verfallen – vermeiden Sie um jeden Preis, in alte Gewohnheiten zurückzufallen.

Klappt die Übung, wiederholen Sie sie einige Male, um sie gut zu verankern. Sie werden merken, daß die Reaktionen Ihres Pferdes schneller und beständiger werden, wenn Sie eine erfolgreiche Übung wiederholen. Übertreiben Sie es aber nicht. Manche Reiter sind so hingerissen von ihrem Erfolg mit nonverbaler, nonphysischer Kommunikation, daß sie sie immer und immer wiederholen, bis ihre Pferde diese ganze Verständigung per Fokus nur noch langweilig finden. Denken Sie daran, daß das Pferd dafür belohnt werden soll, daß es Ihre fokussierte Kommunikation verstanden hat, nicht dafür, daß es tut, was ihm befohlen wurde. Wenn es echt ist, wird sich das Gefühl der Dankbarkeit in Ihrem Tonfall und Ihrer Körpersprache ausdrücken.

Die Fähigkeit zur Verständigung per Fokus ist weder schnell noch einfach zu erlangen und erfordert ständige Aufmerksamkeit. Mit der Zeit wird sie einfacher und selbstverständlicher, aber vergessen Sie nie: Ein Zwei-Stunden-Ausritt in altgewohnter Manier genügt, um alle Kommunikationswege zu zerstören, die Sie vorher aufgebaut hatten. Ausnahmen bestätigen die Regel – etwa wenn Ihr Pferd scheut oder umdreht und zurück in den Stall will. Wenn Sie die alten Techniken brauchen, um die Kontrolle zu behalten, wenden Sie sie an. Aber sobald Sie wieder Herr der Lage sind, greifen Sie wieder auf das Beziehungstraining zurück.

Hat Ihr Pferd gelernt, Ihre Fokussignale zu verstehen, versuchen Sie, es durch ein paar Basislektionen zu führen – Halt, Schritt, Wenden –, und gehen Sie dann zu komplizierteren Aufgaben über, indem Sie zum Beispiel jeweils nur einige wenige Schritte fordern. Wenn Sie darauf achten, was das Pferd Ihnen mitteilt, wissen Sie auch, wann es bereit ist für größere Herausforderungen.

Entwickelt sich in einer der Basislektionen ein Körpersignal wie etwa eine Verschiebung des Gleichgewichts, verwenden Sie es ruhig, aber nicht als einziges. Ihr Körper handelt eigenständig, um Ihrem Fokussieren zu folgen. Ist Ihr Fokus auf eine Linkswendung gerichtet, drehen Sie automatisch den Kopf nach links. Erwarten Sie aber nicht, daß das Pferd nach links geht, weil Sie den Kopf nach links gedreht haben. Diese körperlichen Verstärkungen sind nur sekundäre Handlungen, die sich auf natürliche Weise ergeben. Sie sollten sie weder analysieren, noch im Gedächtnis abspeichern noch als Hilfen zu wiederholen versuchen.

Druck am Halfter zu stoppen, blieb mir nichts anderes übrig, als mit aller Kraft am linken Zügel zu ziehen, um ihn abzuwenden. Als er sich etwas beruhigt hatte, mußte ich mich entscheiden: Sollte ich weiterreiten und das Risiko weiterer Schrecksekunden eingehen, in der Hoffnung, daß er sich daran gewöhnte, oder sollte ich es gut sein lassen und mit etwas Vertrautem weitermachen? Da ich die Beziehung zwischen uns höher schätze als Einzelergebnisse, wählte ich letzteres. Ich holte das Stück Tuch aus der Tasche, tauschte die Trense gegen ein Strickhalfter und machte mich an eine vier-Meilen-Version der Führübung. Dabei überquerten wir zwei weitere Bäche, und in weitaus konstruktiverer Form als zuvor.

Wenn Mihunka sein volles Pferdeleben lebt, und der Schöpfer es erlaubt, werde ich ihn reiten, bis ich fünfzig oder sechzig bin, und wir werden eng verbunden sein in Vertrauen und Verständigung.

Körpersignale sollten nur zur Verstärkung von Fokussignalen benutzt werden. Wenn Sie beispielsweise Ihr Pferd antreten lassen, könnten Sie annehmen, es habe dies getan, weil Sie sich etwas auf die Innenflächen der Schenkel aufgestützt und leicht nach vorn gelehnt haben. Hat Ihr Pferd die Übung aber erst einmal verstanden, wird es den Vorderfuß in der Luft haben, bevor Sie eine Chance hatten, Ihren Schwerpunkt zu verlagern. Wenn Sie Ihren Fokus auf „vorwärts" richten, ohne dies jedoch durch eine Verlagerung Ihres Schwerpunkts zu verstärken, wird Ihr Pferd zögern und verwirrt die Brauen heben. Es hat gelernt, seine Signale durch Ihren Fokus zu empfangen, aber verstärkt durch Körpersignale.

Haben Sie die Verständigung per Fokus gemeistert, können Sie sich an der Gewißheit erfreuen, daß Sie die fünf oder sechs Jahre Reitunterricht, die bis zu dieser Stufe der Verständigung sonst erforderlich sind, nicht nötig haben. Eine Verständigung per Fokus wird normalerweise auch nach Jahren des Lernens erreicht, aber sie geschieht per Zufall. Wenn Sie Reitunterricht nehmen, entwickelt sich die Verständigung per Fokus zu Ihrem Schulpferd unbeabsichtigt. Wenn Sie aber ein bestimmtes Pferd – Ihr Pferd – längere Zeit reiten wollen, wird Ihr Erfolg viel größer sein, wenn Sie erst die Grundelemente der Verständigung lernen, bevor Sie versuchen, ein Gespräch zu führen.

Nehmen Sie die Ergebnisse dieser Übungen nicht auf die leichte Schulter. Wenn Sie Erfolg haben, sind Sie auf dem besten Wege, ein enges Arbeitsverhältnis zu Ihrem Pferd aufzubauen und betrachten Dr. Doolittle von nun an vielleicht mit ganz anderen Augen.

ÜBUNG SECHS

Verstärken mit Körpersignalen

Mein Wissen um Körpersignale erwarb ich in einem heißen Sommer in Oklahoma. Mein Lehrer war ein alter Kiowa, ein Ehemann, Vater, Großvater, Urgroßvater, Sänger, Kriegsteilnehmer und Teilzeitkomödiant bei Powwows. Wenn er mir etwas erklärte, lachte ich meistens und kratzte mich am Kopf. Die Botschaft, in die all seine Erklärungen gipfelten, war diese: Wenn ich lernen wollte, mich mit meinem Pferd zu verständigen, sollte ich damit anfangen, mein Pferd zu fragen, nicht irgendeinen Zweibeiner.

KÖRPERSIGNALE SIND AM WIRKUNGSVOLLSTEN, WENN SIE ZUR VERSTÄRkung eingesetzt werden. Alle drei Arten der Kommunikation – verbal, physisch und fokussierend – haben ihren Platz beim Reiten. Physische Signale lassen sich am effektivsten zur Verstärkung von Fokussignalen einsetzen. Der augenfälligste Mißbrauch eines physischen Signals besteht darin, dem Pferd in die Rippen zu treten, wenn es vorwärts gehen oder schneller werden soll. Treten ist ein klassischer Fall von Befehlen: „Beweg dich, oder ich trete dich noch mal" lautet die Botschaft. Wenn Sie erste Fortschritte in Kommunikation per Fokus zu verzeichnen haben, können Sie auch verstehen, daß Treten unnötig ist.

Viele Ausbilder sind der Auffassung, daß das Pferd sich von einem Druck durch Absatz oder Schenkel wegbewegt. Immer wieder hören Reitschüler, daß sie, um das Pferd außen an der Umzäunung zu halten, mit dem inneren Schenkel treiben müssen, weil das Pferd ihm „weichen" wird. Das Problem bei dieser Vorgehensweise ist, daß Sie sich nicht auf das konzentrieren, was Sie erreichen wollen. Ihr Fokus ist eher darauf gerichtet, wo das Pferd nicht hingehen sollte. Sie sollten Ihr Pferd aber immer auf etwas zu lenken, nicht von etwas weg.

Reagiert Ihr Pferd nicht auf Focussignale und ihre physische Verstärkung, nehmen Sie sich ein oder zwei Monate Zeit, um mit dem Pferd gründlich die hinführenden Methoden und Übungen zu erarbeiten.

Ohne Sattel hängt Ihr Unterschenkel ganz natürlich fünfzehn oder zwanzig Zentimeter hinter dem Vorderbein des Pferdes herab. Der Schwerpunkt des Pferdes in der Bewegung liegt etwa auf der halben Höhe Ihres Schienbeins, zehn bis fünfzehn Zentimeter hinter Ihrer Wade. Ihr eigener Schwerpunkt auf dem Pferderücken liegt etwas unterhalb des Nabels, ungefähr in der Mitte zwischen Nabel und Rückgrat. In der Bewegung entsteht ein gemeinsamer Schwerpunkt, je nach Ihrem Gewicht ungefähr 15 Zentimeter unterhalb des Widerrists. Schon bei minimalen Bewegungen Ihres Oberkörpers verlagert sich der gemeinsame Schwerpunkt. Um sich wieder auszubalancieren, muß das Pferd unter den neuen Schwerpunkt treten. So können Sie Ihrem Pferd signalisieren, wohin Sie gehen wollen.

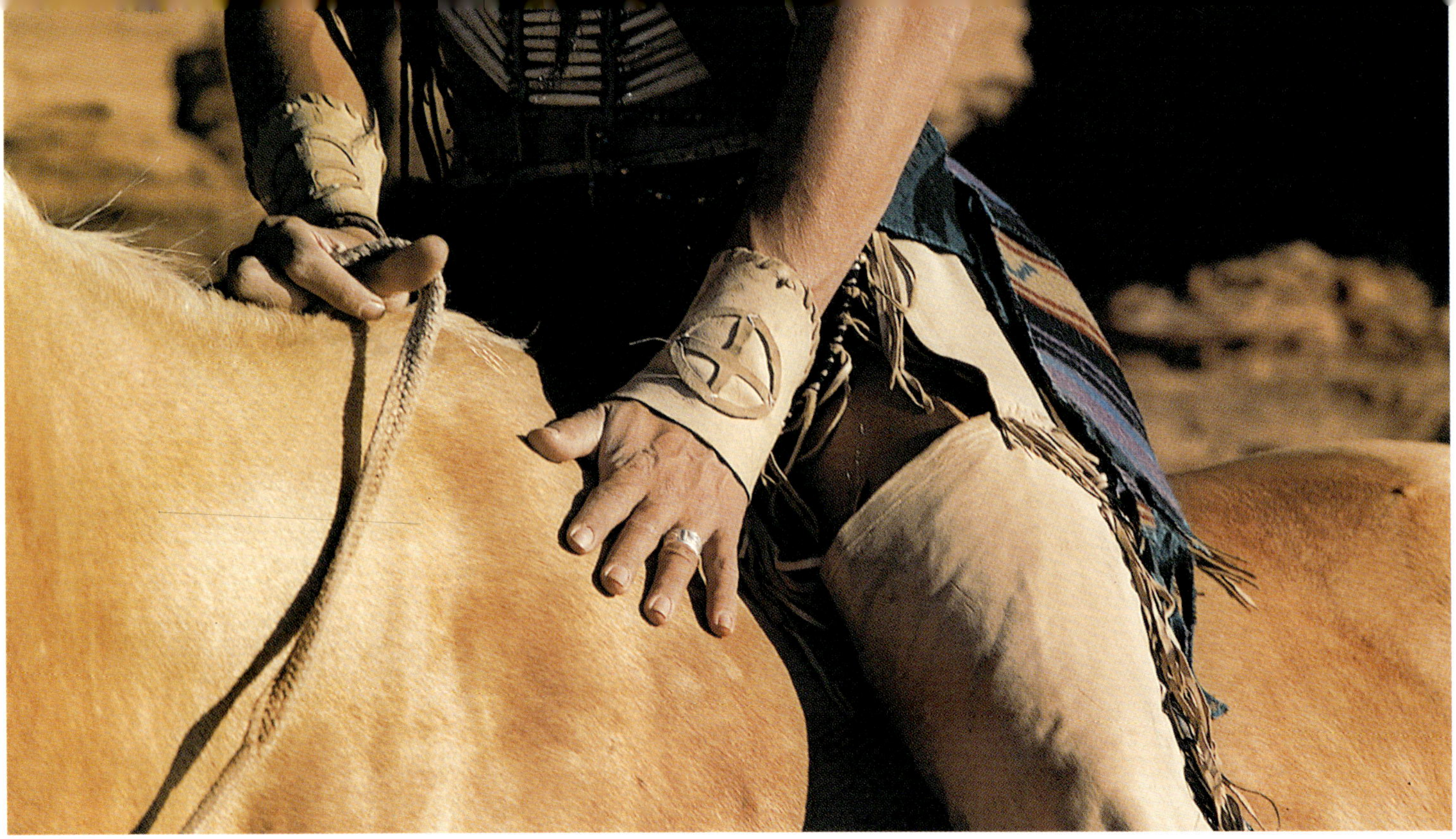

Die beste Methode, die ich kenne, das Konzept des kombinierten Schwerpunkts zu verstehen, besteht darin, sich in das Pferd hineinzuversetzen. Setzen Sie sich ein Kind von 20–40 kg Gewicht auf die Schultern. Der gemeinsame Schwerpunkt liegt dann irgendwo in der Nähe Ihres Brustbeins. Schließen Sie die Augen und lassen Sie sich von dem Kind dadurch führen, daß es sich leicht in die gewünschte Richtung neigt. Das ist nicht ganz das gleiche wie die Gewichtsverlagerung des Reiters in einer Wendung, trotzdem wird

(Fortsetzung nächste Seite)

Wenn Ihr Pferd nicht gleich auf Fokussignale, verstärkt durch leichte Körpersignale, anspricht, hat es wahrscheinlich gelernt, auf einen Tritt in die Rippen hin anzutreten. Es muß erst umlernen.

Fangen Sie im Halten an. Visieren Sie den Punkt an, zu dem Sie gehen wollen, und verstärken Sie das Fokussignal, indem Sie den gemeinsamen Schwerpunkt in diese Richtung verlagern. Suchen Sie sich anfangs einen Punkt in einigen Kilometern Entfernung aus. So wird ganz klar, daß Sie auf jeden Fall vorwärts wollen. Sobald Ihr Pferd reagiert – mit einem oder auch nur einem halben Schritt, vielleicht nur mit einer Gewichtsverlagerung in die richtige Richtung –, wird es gelobt. Tritt es in die gewünschte Richtung an, lassen Sie es ein paar Schritte machen, um die Lektion zu verstärken, dann halten Sie es wieder an.

Wenn Sie dieses Halten und Antreten einige Male in Folge geschafft haben, wiederholen Sie die Übung, aber diesmal mit einer Wendung aus dem Halten. Fokussieren Sie, verlagern Sie Ihren Schwerpunkt, und loben Sie das Pferd sofort und ausgiebig, sobald es einen Schritt in die richtige Richtung macht. Hat es die Übung verstanden, wird sie noch ein- oder zweimal wiederholt (Sie sollen Ihr Pferd nicht drillen). Dann wird das Pferd zur Bestärkung in der Übung gelobt und belohnt.

Der nächste Schritt ist das Rückwärtsrichten. Das fällt allen Reitern schwer, wenn sie anfangen, sich um fokussierte Kommunikation mit ihrem

Pferd zu bemühen. Die Rückwärtsbewegung zu fokussieren, während man nach vorn schaut, erscheint anfangs unmöglich. Dabei genügt es als gutes, starkes Fokussignal zum Rückwärtsgehen, wenn Sie den Kopf drehen. Ob nach links oder rechts, spielt keine Rolle. Ihr Körper wird sich anpassen, um das Gleichgewicht zu halten. Fokussieren Sie einen Punkt einige Kilometer hinter sich und ändern Sie den kombinierten Schwerpunkt entsprechend. Macht das Pferd auch nur einen Ansatz zum Rückwärtsgehen – hebt es einen Fuß, verlagert es sein Gewicht, indem es die Hinterhand senkt, oder kippt es mit dem Kopf in Richtung Brust –, loben Sie es sofort.

Stellt sich heraus, daß es dem Pferd schwerfällt, sich an diese feinen Signale zu gewöhnen, betonen Sie die Körpersignale, damit es für den Anfang die gewohnten Signale als Hilfe zum Verständnis hat.

Hat Ihr Pferd das Konzept der Fokussignale, verstärkt durch subtile Körpersignale, verstanden, kombinieren Sie Ihre Botschaften in der Bewegung. Lassen Sie Ihr Pferd aus dem Halten im Schritt antreten und abwenden. Loben Sie es, zentrieren Sie sich im Weitergehen aus und fokussieren Sie eine weitere Wendung. Wendet das Pferd ab, loben Sie es wieder und visieren die nächste Wendung an. Halten Sie an und lassen Sie es ein paar Schritte rückwärts treten. Lassen Sie es auf dem Hufschlag rund um den ganzen Platz gehen (so lernt es, auf Ihre Signale zu warten) und wenden Sie wieder einige Male ab. Versuchen Sie, einen Zirkel, eine Schlangenlinie, einen Handwechsel zu reiten oder es über eine Stange treten zu lassen. Die Kommunikation zwischen Ihnen sollte jetzt gut funktionieren, und Ihr Pferd sollte Vertrauen gewinnen und wissen, was von ihm erwartet wird.

Wenn das Pferd im Schritt beständig richtig auf Ihre Signale reagiert, können Sie das Ganze in den schnelleren Gangarten versuchen. Zum Antraben setzen Sie sich deutlicher auf die Innenfläche der Oberschenkel, als ob Sie sich in den Bügel stellen wollten.

Ein Wort noch: Viele Reiter machen einen Großteil dessen, was sie in diesen Übungen erarbeitet haben, wieder zunichte, ohne es auch nur zu merken. Es gelingt Ihnen zum Beispiel, ohne Schenkel- und Zügelhilfen Schlangenlinien zu reiten, und vor lauter Begeisterung bringen Sie das Pferd mit einem Ruck zum Stehen, springen ab und belohnen es. Die Belohnung ist in Ordnung, aber Ihr Pferd denkt: „Da sind wir wieder bei der alten Ruck-ins-Maul-Methode angelangt“ und: „Wenn ich etwas richtig mache, springt der Reiter runter, und ich kann fressen gehen.“

Ihnen sicher sehr schnell klar, wie einfach es für ein Pferd ist, solch subtile Signale wie eine Verlagerung des gemeinsamen Schwerpunktes zu entziffern. Wenn das Kind sich nach rechts lehnt, ist ganz klar, in welche Richtung der „Reiter“ gehen will. Das gilt genauso für das Pferd. Die Verlagerung des gemeinsamen Schwerpunkts ist nicht nur ein ganz klares Signal an Ihr Pferd, es macht es ihm auch richtig schwer, überhaupt etwas anderes zu tun, als in die gewünschte Richtung zu gehen.

Anmerkung: Auch wenn Sie das Konzept schon nach wenigen Augenblicken verstanden haben: Wiederholen Sie die Übung öfter – sie ist gut für das Kind.

Vergessen Sie nie: Als *itancan* Ihrer Zweier-Herde können Sie jeweils nur eines von zwei Dingen tun – Ihre Beziehung stärken oder schwächen. Achten Sie darauf, sie zweimal soviel zu stärken, wie Sie sie unabsichtlich schwächen.

Übung sieben

Vom Pferd fallen

Wenn es darum geht, möglichst unbeschadet vom Pferd zu fallen, muß man als erstes verstehen, wann man besser „aussteigt" und wann man den Sturm besser aussitzt. Wenn Sie schon vom Pferd gefallen sind, können Sie wahrscheinlich erkennen, wann es keinen Zweck mehr hat, sich halten zu wollen, und der Sturz unvermeidlich wird. Sie müssen sich aber davor schon entscheiden, ob Sie sich vom Pferd trennen wollen oder nicht. Wenn Sie sich zu früh fürs Aussteigen entscheiden, obwohl Sie sich hätten halten können, ist das vermutlich kein Schaden. Warten Sie in einer gefährlichen Situation aber zu lang, ist es nicht mehr Ihre Entscheidung.

Wie das Aufsitzen ist auch das Fallen eine fließende Bewegung. Machen Sie diese Übung bitte mit einem Helfer oder zumindest einem Zuschauer. Auch wenn bei einem wirklichen Sturz niemand in der Nähe ist, hilft es, wenn anfangs jemand dabei ist und Ihnen sagt, ob Sie Fortschritte machen. Die Technik, unbeschadet vom Pferd zu fallen, ist nicht abhängig davon, ob Sie mit oder ohne Sattel reiten.

Stützen Sie sich mit den Unterarmen rechts und links vom Widerrist Ihres Pferdes ab, ohne die Zügel loszulassen. Das bringt Ihren Oberkörper nach vorn, über den Widerrist. Lassen Sie die Zügel los. Nehmen Sie den Oberkörper so tief, daß Sie den Pferdekörper berühren und kicken Sie beide Füße aus den Steigbügeln nach hinten-oben und dann auf die linke Seite des Pferdes. Stellen Sie sich vor, Sie hätten Bügel, auch wenn Sie ohne Sattel üben – das vermittelt Ihnen das richtige Gefühl für die Übung. Sobald Sie die Steigbügel los sind, lassen Sie Ihre Beine in einer einzigen Bewegung vom Schwung des Kicks nach rückwärts hoch und über den Pferdekörper tragen und stützen Ihr Gewicht mit den Unterarmen ab. Sobald Sie die Beine weg haben vom Pferd, strecken Sie die Arme, als ob Sie jemanden wegschieben wollten, und stoßen sich damit vom Pferd ab. Stoßen Sie sich so weit vom Pferd weg nach links ab, wie Sie können. Das bringt Sie in die Luft, mit dem Gesicht zur Kruppe des Pferdes.

Versuchen Sie nicht, den Sturz dadurch abzubremsen, daß Sie Arme oder Beine ausstrecken. Der Schwung trägt Sie rückwärts in die Richtung, in die das Pferd sich bewegt. Sie machen eine Rolle rückwärts, wobei Sie den

Boden in dieser Reihenfolge berühren: mit dem linken Fuß, dem linken Knie, der linken Hand, der linken Hüfte, der rechten Hand, der rechten Hüfte, beiden Ellbogen. Ihre Füße sollten jetzt an den Knöcheln gekreuzt und Ihre Knie in einem 90-Grad-Winkel abgebogen sein.

Wichtig ist, daß Sie die Zügel loslassen, bevor Sie die Beine nach hinten schlagen. Der Schwung versetzt Ihren Körper in eine Bewegung im Uhrzeigersinn, und die meisten Reiter klammern sich instinktiv mit der linken Hand an den Zügel und versuchen, den Sturz mit der rechten abzubremsen. Dadurch wird nicht nur die Landung gefährlicher, sondern Sie können das Pferd durch den Zug am Zügel auf sich drauf lenken.

Üben Sie die Landung auf dem Boden zuerst aus dem Stehen, ohne Pferd. Achten Sie auf weichen Boden, damit Sie sich nicht das Rückgrat verletzen. Vor dem Üben, sowohl mit wie ohne Pferd, machen Sie am besten ein paar einfache Stretching-Übungen. Starre, verkrampfte Muskeln hindern Sie daran, Ihren Körper richtig zu gebrauchen, und sie sind viel verletzungsanfälliger als solche, die locker und entspannt sind.

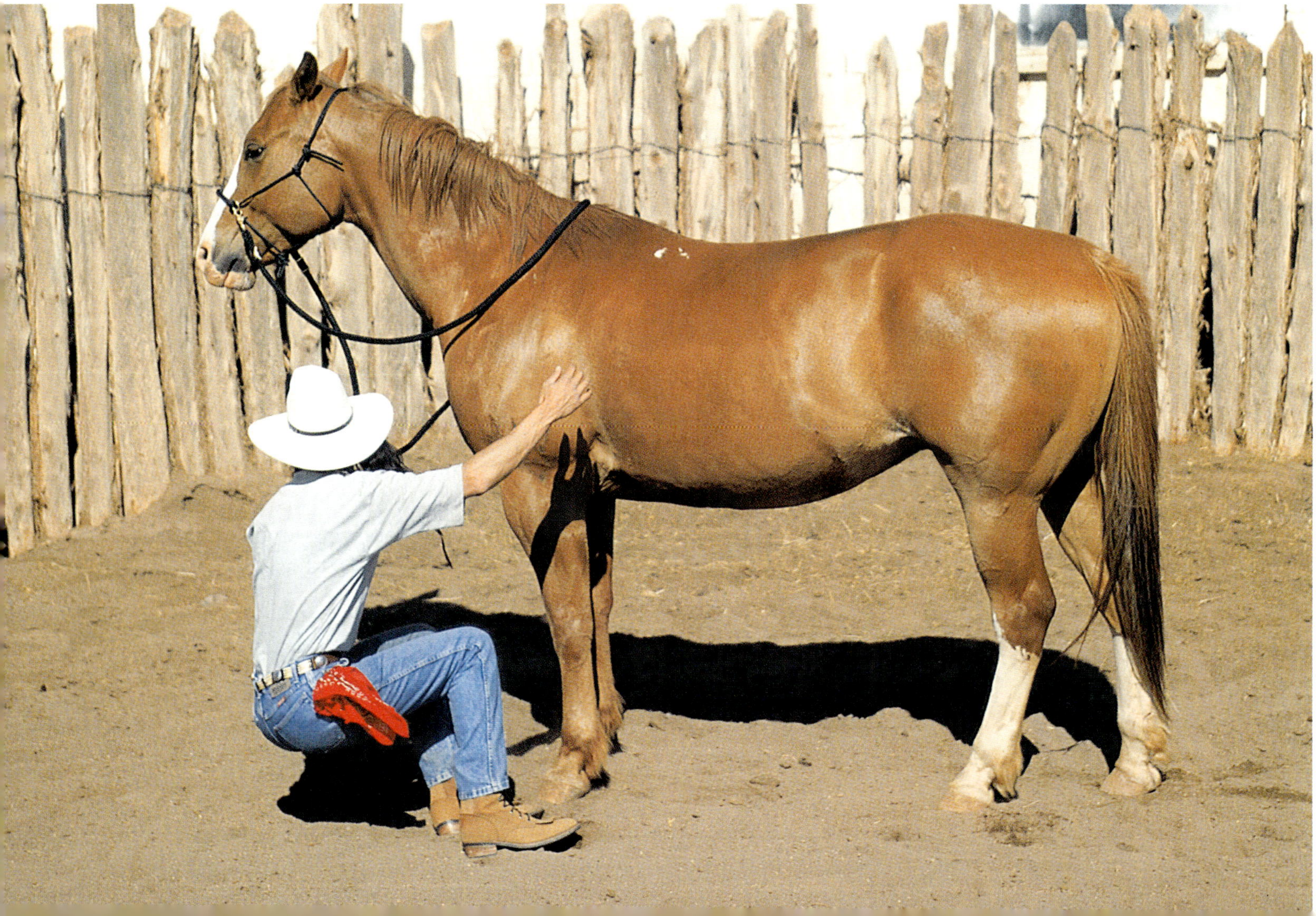

Es ist wichtig, welche Art von Wort Sie für Anhalten oder Antreten verwenden.

Verwenden Sie als Stimmhilfen Worte, die Ihnen vertraut sind und die Sie auch sonst benutzen. Wenn es darum geht, sofort anzuhalten, ist es nicht sehr praktisch, wenn Sie sich das Gehirn zermartern, weil Ihnen Ihr Wort für „Stop" nicht einfällt. Es können auch einsilbige Kommandos sein, wie sie von Fuhrleuten und Kutschern gebraucht werden. Je mehr diese Signale Teil Ihrer Alltagssprache sind, desto selbstverständlicher werden Sie sie gebrauchen.

Achten Sie darauf, daß sie so unterschiedlich sind, daß das Pferd sie gut auseinanderhalten kann. Man nimmt an, daß Pferde Silben und Vokale besonders gut wahrnehmen können. Deshalb sollten Sie vermeiden, zum Anhalten und Antreten so etwas wie „Hohh!" und „Go!" zu verwenden. Mein Stimmsignal zum Antreten ist „wi-tscha!", ein Wort aus der Sprache der Comanchen, das Feier oder Aufregung bedeutet. Zum Anhalten sage ich „schki!", ein Slangwort der Cherokee für Danke.

Übung acht

Stimmhilfen

Stimmhilfen sind am wirkungsvollsten, um Anfang oder Ende einer Arbeitsphase zu definieren oder um Anhalten oder Antreten zu signalisieren. Um Ihre Stimmhilfen einzuschränken, müssen Sie denken wie ein Pferd. Menschen denken und kommunizieren mit Worten, während Pferde körper- und wahrnehmungsorientierte Lebewesen sind. Der Versuch, jedem Fokus- und Körpersignal eine Stimmhilfe zuzuordnen, kompliziert die Dinge nur. Wenn Sie eine Richtung fokussieren und dieses Fokussignal durch eine Veränderung des gemeinsamen Schwerpunkts verstärken, senden Sie genügend Signale aus, um Ihre Botschaft zu übermitteln. Für einen Sliding Stop oder einen Blitzstart dagegen können Stimmsignale eine große Hilfe sein.

Wenn Sie Halten und Antreten mit Stimmsignalen üben, kann die *switch* besonders hilfreich sein. Wirkungsvoll ist auch, das Pferd stimmlich etwas „aufzumischen", bevor man einen Blitzstart versucht. Bereiten Sie Ihr Pferd geistig darauf vor, daß Sie vorhaben loszudüsen. Das ist, wie wenn Sie eine Maschine mehrfach aufheulen lassen, bevor Sie zu einem Rennen starten. Ihr Pferd wird die Erregung in Ihrer Stimme spüren, und das hat größere Bedeutung als die Worte an sich und macht es empfänglicher für Ihr nächstes Signal. Aber warum sollten Sie Ihr ruhiges Pferd überhaupt anheizen? Es gibt viele Situationen, besonders bei Wanderritten, wo es gut ist, wenn das Pferd auf eine sofortige Reaktion eingestimmt ist, um einer Gefahr auszuweichen. Wenn Sie auf dem Ritt mit Straßen, Bahngleisen, umstürzenden Bäumen, herabstürzenden Felsbrocken und anderen Reitern konfrontiert sind, wird die Fähigkeit, Ihr Pferd zu einer unverzüglichen Reaktion zu veranlassen, überlebenswichtig.

Verankern Sie diese Reaktion und das Verständnis für das Signal zu Hause, auf dem sicheren Reitplatz. Wenn Ihr Pferd die Erregung in Ihrer Stimme hört und sich auf den Blitzstart vorbereitet, legen Sie die Klatsche flach auf der rechten Seite des Pferdehalses an. Gleichzeitig mit dem Stimmsignal wischen Sie mit der Klatsche den Hals entlang nach hinten, bis Sie Ihren Oberschenkel treffen. Bewegt sich Ihr Pferd leicht vorwärts, belohnen Sie es und wiederholen die Übung. Mit der Zeit wird das Pferd auch

ohne die Klatsche durchstarten. Es wird die Stimmhilfe mit dem Fokus-Signal in Verbindung bringen.

Abruptes Anhalten erfordert fast genau die entgegengesetzten Signale wie das schnelle Antreten. Der Hauptunterschied ist Ihr Fokus. Fokussieren Sie im Trab oder Galopp eine Stelle weiter vorn am Boden. Legen Sie die Klatsche flach am Rumpf des Pferdes an, verlagern Sie in einer einzigen Bewegung Ihren gemeinsamen Schwerpunkt nach hinten, indem Sie sich aufrechter hinsetzen, und führen Sie die Klatsche von hinten nach vorn am Rumpf entlang, bis Sie die Rückseite Ihres Oberschenkels treffen. Gleichzeitig geben Sie das Stimmsignal. Belohnen Sie Ihr Pferd sofort, wenn es auch nur ein wenig gezögert hat. Es ist nicht so wichtig, daß es an dem Punkt anhält, den Sie anvisiert haben. Sie werden bald herausfinden, wie lange Ihr Pferd zum Anhalten braucht, wann Sie also sozusagen auf die Bremse steigen müssen.

Denken Sie an das Gesetz der Trägheit: Ein Körper in Ruhe tendiert dazu, in Ruhe zu bleiben. Wenn Sie, besonders in einer schnelleren Gangart, Ihren Schwerpunkt nicht nach vorn bringen, bevor Sie sich vorwärts bewegen, werden Sie hinten herunterfallen. Ebenso tendiert ein Körper in Bewegung dazu, in Bewegung zu bleiben. Wenn Sie also beim Anhalten, besonders bei einem abrupten Stop, Ihren Schwerpunkt nicht nach hinten verlagern, werden Sie nach vorn auf den Pferdehals oder über die Schulter zu Boden geworfen.

Übung neun

Springen

Auf Wanderritten kommt man um einen Sprung manchmal nicht herum. Ohne Sattel zu springen kann eine lohnende Erfahrung sein, aber auch gefährlich werden. Wenn Sie auch mit Sattel noch nicht gesprungen sind und keine Erfahrung haben, sollten Sie es nicht ohne Sattel versuchen. Wenn Sie sich aber ein paar niedrige Sprünge zutrauen, tragen Sie die geeignete Sicherheitsausrüstung einschließlich Helm und sorgen Sie für die Anwesenheit eines Helfers, wenn Sie anfangen, ohne Sattel zu springen. Sie müssen die vorhergehenden Übungen sicher und mühelos in allen Gangarten ausführen können, bevor Sie sich an das Springen ohne Sattel wagen.

Heutzutage gibt es gute, vernünftige und fundierte Springreitlehren. Gute Ausbilder machen ihre Schüler mit Fokus, Gleichgewicht und Trägheitsmoment vertraut. Ob mit oder ohne Sattel – die Fokussignale und physischen Verstärkungen bleiben die gleichen.

Für den Anfang legen Sie eine einzelne Stange auf den Boden. Führen Sie Ihr Pferd einige Male darüber. Dann sitzen Sie auf und gehen im Schritt, Trab und Galopp über die Stange. Möglicherweise macht Ihr Pferd im Galopp, vielleicht auch schon im Trab, einen kleinen Satz über die Stange. Greifen Sie deshalb beim Anreiten mit einer Hand in die Mähne. Üben Sie einige Male mit der Stange am Boden, bevor Sie sie höher legen.

Legen Sie die Stange nicht höher als 10 cm und führen Sie das Pferd wieder einige Male darüber, bevor Sie aufsitzen und wie zuvor im Schritt, Trab und Galopp darüber reiten. Vielleicht steigt Ihr Pferd mehr darüber, als es springt, aber auf diese Weise wird ihm die Übung vertraut, und es bekommt keine Angst vor dem Springen. Wenn Sie die Stange eins höher legen (nicht mehr!), muß es springen, aber es hat keine Angst vor der Stange.

An diesem Punkt gilt es, verschiedene Konzepte zu verstehen. Das erste heißt Selbstvertrauen. Als *itancan* müssen Sie sicher sein, daß Sie dem Pferd nichts zumuten, was es nicht leisten kann, und Sie dürfen keine Fokus- oder Körpersignale aussenden, die Zweifel andeuten. Manche reiten einen Sprung in höchst defensiver Haltung an: Sie klammern mit den Beinen, verkrampfen sich oder strecken die Unterschenkel nach vorn, falls das Pferd vorbeilaufen oder stehen bleiben sollte. Das Pferd spürt dieses

Zögern, dieses Erwarten von Problemen, und fängt an sich zu beunruhigen. Der alte Spruch: Das Beste hoffen und auf das Schlimmste vorbereitet sein, hat im Beziehungstraining keinen Platz. Sie führen das Pferd.

Der Fokus für das Springen unterscheidet sich von dem für alle anderen Manöver. Wenn Sie springen wollen, müssen Sie sich den Bogen vorstellen, den Sie über dem Hindernis beschreiben. Wenn Sie die Stange vor sich anvisieren, wird das Pferd das gleiche tun. Wenn Sie die Richtung fixieren, in die Sie wollen, geht Ihr Pferd womöglich geradewegs durch das Hindernis hindurch statt darüber, weil es dieses als Teil seiner Bewegungsrichtung betrachtet. Stellen Sie sich einen Bogen vor, der von der Absprung- bis zur Landestelle reicht. Wenn Ihre Fokussignale sagen: „Über den Sprung!“, Sie aber mit aller Kraft im Zügel hängen, sind Sie nicht reif fürs Springen. Tun Sie es doch, verlieren Sie das Vertrauen Ihres Pferdes.

Viele Leute staunen darüber, daß mein Pferd Kola Treppen steigt und in Aufzügen fährt. Das sind keine Tricks, die ich ihm beigebracht habe. Er tut das alles, weil ich ihm nie Anlaß dafür gegeben habe, daran zu zweifeln, daß er das kann.

Die erste Treppe, auf die wir trafen, wurde nicht anders behandelt als ein Grashügel. Ich hielt die Führleine, ging im gleichen Tempo weiter und sah mich nicht um, ob er damit fertig wurde. Und er stieg die Treppe einfach hoch. Bevor ich die Treppe mit Kola hochging, hatte ich mich überzeugt, daß sie festen Halt bot. Da der itancan nicht zögerte, tat es auch die „restliche Herde“ nicht. In unseren ersten Aufzug gingen wir hinein wie in eine Box. Er hat auch ganz von selbst ein Faible dafür entwickelt, auf Bühnen hochzuspringen, manchmal über einen Meter hoch. Das kommt vermutlich daher, daß er der größte Laienschauspieler ist, den ich kenne.

Entscheidend ist, daß bei einem Zögern des itancan, mental oder körpersprachlich, sich die Herde entsprechend verhält.

Pferde kommunizieren sehr stark über Körpersprache. Einige Basissignale werden mit den Augen, den Ohren und dem Kopf ausgedrückt.

Die Ohren zeigen immer auf das, was die Aufmerksamkeit des Pferdes erregt. Manchmal, wenn volle Aufmerksamkeit nicht erforderlich ist, zeigt auch nur ein Ohr in diese Richtung. Die Augen drücken Stimmungen und Launen aus, ähnlich wie Menschenaugen. Hochgezogene Augenbrauen sind ein Zeichen für Besorgnis oder Überraschung. Ein weich und entspannt blickendes Auge bedeutet, daß das Pferd versteht oder zufrieden ist. An der Kopfhaltung ist zu erkennen, ob das Pferd der Situation entgehen (fliehen) oder ob es kämpfen will. Ein hocherhobener Kopf mit stark gefalteten Augenbrauen ist zum Beispiel meist das letzte, was Sie sehen, bevor ein Pferd steigt oder sich losreißt. Ein steif ausgestreckter Hals mit tiefgetragenem Kopf und angelegten Ohren dagegen ist eine Warnung.

Die Persönlichkeit eines Pferdes wird während des Trainings offenbar. Kola hat folgenden Lernzyklus: Erst

(Fortsetzung nächste Seite)

Übung zehn

Der Trailparcours

Wenn Sie Übungen zu Pferd mit Selbstvertrauen und Erfolg absolvieren können, ist es hilfreich, Ihre Übungsstunden mit einem Mini-Trailparcours zu beschließen. Er sollte verschiedene Manöver beinhalten – Wendungen, Stops, Sprünge oder Bodenstangen, Zirkel, Handwechsel, Slalom um Kegel usw. Legen Sie die Reihenfolge fest, bevor Sie losreiten. Wenn Sie sich selbst noch nicht darüber im klaren sind, können Sie dem Pferd nicht das Vertrauen vermitteln, das es von seinem *itancan* erwartet. In der freien Natur können solche Parcours anspruchsvoller sein als zu Hause auf dem Platz (obwohl alle Parcours nützlich sind). Mutter Erde hat mehr Aufgaben parat als Fässer, Kunststoffstangen und rote Kegel, deshalb sollten Sie ab und zu diese Übung mit einem Ausritt verknüpfen, damit sie spannend und unterhaltsam bleibt.

Vergessen Sie nicht, daß diese Übung Spaß machen sollte und Phantasie erfordert. Es geht nicht um eine Lernsituation, stellen Sie also nicht die gleichen Anforderungen an Ihr Pferd wie im intensiven Training. Wenden Sie nicht für jedes Manöver eine andere Technik an, aber gehen Sie an diese Übung ohne größere Ansprüche heran.

Reiten Sie Ihr Pferd an den Rand des Parcours und dann an den Start, nicht mitten durch. Das könnte Ihr Pferd verwirren. Wenn Sie dann durch den Parcours reiten, lassen Sie Ihrem Pferd Zeit, Entscheidungen zu treffen und zu verstehen, um was es geht, während es sich von Ihren Signalen führen läßt. Genießen Sie es, und wenn Sie das Gefühl haben, Ihr Ziel erreicht zu haben, ist die Übung beendet. Dieser spaßbetonte Abschluß ist eine gute Beendigung jeder Trainingsphase und gibt Ihrem Pferd eine praktische Anwendung für die Übungen, die es gelernt hat. Phantasie und Kreativität sind das beste Mittel gegen Langeweile.

Nachdem Ihr Pferd nun Ihre Sprache gelernt hat, und Sie die seine besser verstehen, ist es wichtig, nicht in Routine und Alltagstrott zu verfallen. Wie Sie auf die Augenblicke achten, in denen Ihr Pferd auch nur andeutungsweise vorwärtsgeht, müssen Sie auch sofort merken, wenn Ihr Pferd sagt: „Ich habe genug." Die meisten Pferde langweilen sich sehr schnell – fragen Sie mal eines, das webt oder koppt. Beachten Sie die Anzeichen, die darauf hindeuten, daß Ihr Pferd eine bestimmte Lektion langweilig findet: Vielleicht führt es sie nicht vollständig aus, läßt sich leicht ablenken oder läßt den Kopf hängen. Beim ersten Anzeichen von Langeweile sollten Sie sofort zu einer anspruchsvolleren Aufgabe überwechseln. Ihr Pferd zeigt Ihnen schon, wieviel Zeit für eine Übung zu veranschlagen ist. Halten Sie aber einen guten Bluff und wirkliche Erschöpfung. auseinander. Pferde, besonders junge Pferde, sind durchaus fähig, ihre Reiter zu manipulieren, wenn sie etwas erreichen wollen. Versucht Ihr Pferd Sie durch Sturheit, Ungehorsam oder Die-Luft-anhalten – das Pferdeäquivalent zu Maulen und Weinen – zu manipulieren, gehen Sie nicht darauf ein. Diese Tricks verlieren an Reiz, wenn sie nicht groß beachtet werden. Strafen Sie das Pferd nicht, bestehen Sie einfach in Ruhe darauf, daß die Übung ausgeführt wird.

ist er verspielt, nicht wirklich auf das Training konzentriert. Er freut sich einfach über den Szenenwechsel. Dann dämmert es ihm. Er scheint zu sagen: „Oh, ich verstehe, das ist so eine Übungsstunde." Nach einiger Zeit versucht er mich absichtlich zu ignorieren, in der Hoffnung, daß früher Schluß ist. Vielleicht „mault" er sogar ein bißchen. Noch etwas später wird es Kola langweilig. Er fängt an, blicklos zu starren, läßt die Unterlippe hängen.

Je besser Sie Ihr Pferd kennen, desto leichter werden Sie unterscheiden können zwischen einem echten Problem und einem „Theater". Wenn Ihr Pferd sich beispielsweise weigert, vorwärts zu gehen, sich dabei aber immer näher an etwas Bestimmtes heranrückt – die Weide, einen Pferdefreund, den Stall oder den Eingang –, ist das höchstwahrscheinlich manipulativ. Es probiert aus, ob es die Übung tatsächlich ausführen muß oder ob es Sie zum Aufgeben bringen und zum Grasen gehen kann. Wenn es aber nur an etwas nicht herangeht, hat es wohl Angst oder versteht etwas nicht. Wenn Sie Ihr Pferd kennen, können Sie sein Verhalten interpretieren.

Übung elf

Leksi! Leksi! *[leh-K'SHEE leh-K'SHEE]* —*Onkel! Onkel!*

Die Legende „Leksi! Leksi!" erzählten die Lakota ihren jungen Reitern, bevor diese ihre Fokusfähigkeiten an Pferden erprobten. Sie sollten ihre Pferde nachts reiten und nur vermittels Fokussignalen lenken. Sollten sie sich ängstlich fühlen, sollten sie „Leksi! Leksi!" rufen, und dann würden Schreitende Krähe und Lachender Biber sie sicher nach Hause geleiten.

Nächtliches Training ist ein gutes Mittel, wenn man die Bindung zu einem Pferd stärken möchte. Ein Ritt bei Mondschein kann zu einem unvergeßlichen Erlebnis werden. Wenn Ihnen das Reiten im Dunkeln aber nicht geheuer ist, sollten Sie es auch nicht tun. Wenn Sie selbst unsicher und ängstlich sind, kann solch ein Ritt Ihr Vertrauensverhältnis zu Ihrem Pferd eher zerstören als stützen.

Am besten erproben Sie Ihre Fokusfähigkeiten im Dunkeln auf freiem Feld. Sehen Sie sich die Gegend vorher bei Tag genau an, achten Sie auf Karnickellöcher, große Steine und andere Hindernisse.

Für Ihren ersten Versuch sollten Sie sich eine Nacht mit Voll- oder Halbmond aussuchen, mit wenig Wind und Wolken, die den Mond verdecken könnten. Sitzen Sie auf dem Feld auf und warten Sie ein paar Augenblicke, bis Sie und das Pferd sich an die Dunkelheit gewöhnt haben. Pferden macht Dunkelheit meist weniger aus als Menschen, deshalb werden Sie hauptsächlich sich selbst daran gewöhnen müssen. Sie denken vielleicht, daß das Pferd nicht so schnell reagieren wird wie bei Tag, aber Sie werden vermutlich überrascht sein, wie gut und beständig es Ihre Signale interpretiert. Schließlich haben Sie ihm bisher keine visuellen Signale gegeben, wieso sollten sie dann bei Nacht weniger klar sein? Allerdings ist eine starke Fokusverbindung zwischen Ihnen und dem Pferd um so wichtiger.

Die Übung besteht darin, das Feld, kreuz und quer über die Wiese oder das Feld zu reiten und dabei die Fähigkeit Ihres Pferdes zu verstärken, Ihre Fokussignale zu verstehen. Fokussieren Sie eine Stelle auf der Wiese und stellen Sie Ihren gemeinsamen Schwerpunkt darauf ein, wie Sie es auch bei Tag in einem Ring oder auf einem Platz tun würden. Vielleicht müssen Sie Ihren Fokus mit leichten physischen Kommandos betonen, aber wenn Sie die vorherigen Übungen richtig ausgeführt haben, dürfte Ihr Pferd keine Schwierigkeiten haben, Ihre Fokussignale zu verstehen. Wenn Sie bis auf zehn oder zwanzig Meter an Ihren Fokuspunkt herangekommen sind, visieren Sie einen anderen an. Diese Übung macht großen Spaß und ist besonders zu empfehlen, wenn es tagsüber zu heiß ist zum Reiten.

Leksi! Leksi!

Lakota

An einem Wintermorgen ging keine Sonne auf am östlichen Horizont. Die Ältesten hielten eine Versammlung ab, und es wurde beschlossen, daß ein Suchtrupp von vier Scouts nach Osten reiten und herausfinden sollte, was geschehen war. Einer der vier, Schreitende Krähe, dachte jedoch, da die Sonne zuletzt im Westen gesehen worden war, müsse sie sich auch dort irgendwo verbergen. Er ritt nach Westen. Die anderen drei kamen nach zehn Tagen ohne Ergebnis zurück. Schreitende Krähe kam nicht nach zehn Tagen zurück. Er kam nicht nach zwanzig Tagen zurück und auch nicht nach dreißig. Und der Himmel blieb nach wie vor dunkel.

Lachender Biber, der Neffe von Schreitende Krähe, machte sich Sorgen um seinen Onkel. Der Vater von Lachender Biber war bei einem Überfall getötet worden, und Schreitende Krähe hatte Vaterstelle an ihm vertreten. Nach dreißig Tagen Dunkelheit beschloß Lachender Biber, nach seinem Onkel zu suchen. Er packte seine Sachen, bestieg sein Pony und ritt gen Westen.

Das Dorf versammelte sich jeden Tag zu Gebeten und Ritualen, um die Sonne zurückzubringen. Nach einiger Zeit hielt man Schreitende Krähe und Lachender Biber für tot. Man sprach nicht mehr von ihnen. Dann, nach drei Jahren Dunkelheit, ging die Sonne im Osten auf, als sei nichts gewesen. Die Leute waren glücklich, und die Ältesten hielten eine Zeremonie ab und dankten dem Schöpfer. Die Zeremonie fand am östlichsten Rand ihres Wohnbereichs statt, zu Ehren dessen, daß die Sonne in den Osten zurückgekehrt war. Während des Gebets deutete ein Junge auf zwei seltsame Geschöpfe, die drunten im Tal grasten. Sie sahen aus wie Ponys mit Scouts auf dem Rücken, aber die Scouts hatten keine Beine. Sie schienen aus dem Pferderücken herauszuwachsen. Der Medizinmann, Großer Baum, sagte, es seien Schreitende Krähe und Lachender Biber und ihre Ponys. Weil sie drei Jahre in der Dunkelheit auf dem Rücken ihrer Ponys verbracht hätten, seien sie und ihre Ponys eins geworden. Großer Baum sagte auch, daß Schreitende Krähe und Lachender Biber die Sonne den ganzen Weg vom Westen nach Osten gejagt haben müßten und daß ihre Namen für immer im Herzen aller bewahrt werden sollten.

Kaonspe [kah-OON-spay]

KRAFTPROBEN

Zuzeiten wird Ihr Pferd Ihre Stellung als *itancan* in Frage stellen. Für das Pferd nur natürlich, und es gibt nur eine einzige richtige Methode, Ihren Status wiederzugewinnen, falls Ihr Pferd schon erwachsen ist. Ungehorsam und Aggressivität müssen mit einer klaren, sofortigen Botschaft beantwortet werden, die besagt: „Dieses Verhalten wird nicht geduldet!"

In einer Herde muß der *itancan* seine Stellung immer aufs neue bestätigen. Dazu dient ein schneller Schlag oder ein kurzer Biß. Einmal genügt meist, um einen Herausforderer abzuschrecken, und dann kehrt in der Herde wieder Ruhe ein. Pferdebesitzer brüllen ihre Pferde zu oft an, schlagen und treten sie oder drohen ihnen mit der Faust, wenn diese nur ihrem natürlichen Instinkt folgen und den *itancan* herausfordern, um ihre Stellung zu verbessern. Sie müssen Ungehorsam und Herausforderung genauso beantworten, wie es der *itancan* in der Herde tun würde.

Wichtig ist, den Unterschied zu erkennen, ob ein Pferd nur in der Rangfolge der Zweier-Herde aufsteigen will oder ob es ernsthaft droht.

Ein Biß ist ein Zeichen von Aggressivität und Dominanz, und dem muß mit dem gleichen oder einem noch größeren Maß an Aggressivität begegnet werden. Gewöhnlich genügt ein scharfer Klaps gegen die Brust, begleitet von einem kurzen, lauten Schrei, um die Dominanzfrage in Ihrem Sinne zu klären. Auch Treten ist ein Zeichen von Aggression, aber längst nicht so stark, wie man glauben möchte. Für Zweibeiner kann ein Tritt sehr schmerzhaft sein, aber in der Herde ist er ein verhältnismäßig mildes Mittel der Bestrafung. Sie dürfen nicht dulden, daß das Pferd nach Ihnen tritt, aber Sie dürfen auch nicht genauso darauf reagieren, wie Sie es auf einen Biß tun würden. Könnte sein, das Pferd tritt verstärkt zurück. Versuchen Sie, das betreffende Bein wie zum Hufeauskratzen hochzuheben und einige Augenblicke festzuhalten. Diese leicht unbequeme Stellung genügt meist, um die Botschaft rüberzubringen.

Buckeln ist meistens eine Reaktion auf Schmerz oder Furcht. Mit das Schlimmste, was Sie tun können, ist, daraufhin vom Pferd zu springen und es anzubrüllen oder körperlich zu strafen. Beides verstärkt nur die Furcht oder den Schmerz, die zu dem Verhalten geführt haben.

Die Korrektur von Untugenden oder Fehlverhalten sollte professionellen Trainern vorbehalten bleiben, aber wenn Sie die Gründe Ihres Pferdes verstehen, können Sie Probleme in vielen Fällen abfangen, bevor sie gefährliche Dimensionen annnehmen. Meist läßt sich das Verhalten dadurch korrigieren, daß man zu Basisübungen des Beziehungstrainings zurückgeht.

Alternativen zum Longieren

In seiner reinsten Form ist das Longieren ein hervorragendes Mittel, um die Kommunikation mit dem Pferd zu verbessern. Richtig gemacht ist Longieren eine Kunst und einfach schön. Es dauert allerdings Jahre, bis man es darin zur Meisterschaft bringt. Ursprünglich war das Longieren eine Trainingsmethode, um Pferden vom Boden aus beizubringen, auf Stimm- und Körperhilfen zu reagieren. Leider ist es in vielen Fällen zu einer sinnlosen Übung verkommen, in der ein Pferd an einem Strick um einen peitschenschwingenden Longenführer herumrennt. Es folgen einige Alternativen zum sinnlosen Longieren, die besser geeignet sind, die Beziehung, die Sie mit Ihrem Pferd aufbauen wollen, zu stärken.

Aufwärmen

Bei den meisten Turnieren ist der Platz begrenzt. Reiten Sie Ihr Pferd auf dem Platz, auf dem Sie es sonst longiert hätten. Das bringt Sie und das Pferd in Schwung, verstärkt Ihre Beziehung zueinander und dehnt und wärmt verspannte Muskeln.

Gebißtraining

Auf das Gebiß zu reagieren, kann man einem jungen Pferd mit einem Hilfsmittel beibringen, das die Nimipu entwickelt haben und das in der Sprache der Lakota *akita mani yo* heißt. Legen Sie das *akita mani yo*, den Gurt, hinter dem Widerrist auf und verschnallen Sie es gerade so fest, daß es nicht verrutscht. Befestigen Sie auf jeder Seite des Gebisses einen etwa vier Meter langen Strick und führen Sie ihn durch die Ringe am Gurt. Der Strick darf nicht zu dick sein, damit er leicht durch die Ringe gleitet.

Stellen Sie sich vor das Pferd und nehmen Sie in jede Hand einen Strickzügel. Wenn Sie sie am Ende anfassen, sollten Sie etwa zwei bis zweieinhalb Meter vor dem Pferd stehen. Führen Sie das Pferd im Rückwärtsgehen und verwenden Sie die Zügel als Verstärkung Ihrer Bewegungen. Denken Sie daran, daß ein Zug am Zügel in dieser Position als Zug nach rückwärts beim Pferd ankommt. Fixieren Sie die Augen des Pferdes mit Ihrem Blick und gehen Sie einige einfache Übungen ab, wobei Sie Ihre Bewegungen jeweils mit leichtem Druck auf die betreffende Maulseite des Pferdes unterstützen. Sobald das Pferd reagiert, lassen Sie den Druck nach.

Wenn die Ausbildung eines jungen Pferdes mit dem *hakamya upo* (come, follow closely) begonnen hat, das man mit „folgen wie ein Schatten" übersetzen könnte, sollte Ihr Pferd diese Übung leicht verstehen und akzeptieren. Wenn sowohl Sie wie auch das Pferd diese Übung einwandfrei beherrschen, können Sie sich auch umdrehen und vorwärts gehen. Ich habe festgestellt, daß Pferde auf diese Methode viel besser reagieren, als wenn man eine Longe einhängt und sie mit der Peitsche im Kreis herumtreibt.

Cavaletti-Arbeit

Viele Ausbilder longieren die Pferde über Cavaletti (Stangen auf dem Boden), um den Galopp auf beiden Händen, Gleichgewicht und Untertreten zu fördern. Aber die Ergebnisse sind mit etwas Gewicht im Rücken gewöhnlich viel besser. Vom Pferderücken aus können Sie nicht nur kommunizieren, an Ihrer Beziehung arbeiten und Fokussignale verstärken, sondern das zusätzliche Gewicht veranlaßt das Pferd auch dazu, die Füße vorsichtiger zu setzen. Wenn das Pferd zuerst vor den Cavaletti zurückscheut, versuchen Sie nicht, es mit aller Macht über seine Furcht hinweg darüberzureiten. Steigen Sie ab und führen Sie es im Schritt, im Trab und im Galopp darüber. Sie werden staunen, wie einfach es sie dann auch unter dem Reiter bewältigt. Denken Sie immer daran: durch Beispiel führen.

Springen

Ein Pferd an der Longe über Hindernisse gehen zu lassen kann zu schweren Unfällen führen. Die Kombination eines Pferdes in der Luft mit einer Zehn-Meter-Leine und leichtgewichtigem Hindernismaterial steht nicht gerade für eine sichere Umgebung. Wenn Sie Ihrem Pferd das korrekte Abspringen und Landen beibringen wollen, reiten Sie Ihr Pferd über Pseudosprünge – Stangen am Boden. Wenn Sie Ihrem Pferd die Angst vor Hindernissen nehmen wollen, führen Sie es darüber. Vergessen Sie nicht: Sie brauchen Ihrem Pferd nicht das Springen beizubringen – das kann es bereits.

Strafe

Nur zu oft sieht man einen Reiter, der sein Pferd damit „zur Vernunft" zu bringen versucht, daß er es am Ende einer langen Leine im Kreis laufen läßt. Diese Art der Bestrafung geht gegen alles, was in diesem Buch steht, und endet in 99 Prozent aller Fälle mit nichts als einem müden, zu Tode gelangweilten Pferd. Wenn sich ein Pferd im Training danebenbenimmt, strafen Sie es unverzüglich. Verhält es sich aggressiv Ihnen gegenüber, reagieren Sie sofort und unmißverständlich. Das Pferd bringt sein Fehlverhalten nicht mit dem Longieren in Verbindung, wenn Sie erst absteigen, die Longierpeitsche holen und es vielleicht noch absatteln und in den Longierzirkel führen.

Unterwerfung

Ungehorsame Pferde werden manchmal an der Longe im Kreis herumgehetzt, bis sie erschöpft sind und sich dem Ausbilder unterwerfen müssen. Meist wird noch eine Kette über der Nase befestigt, damit der Trainer als Strafmaßnahme daran rucken kann – eine Übung, aus der ganz bestimmt keine Beziehung erwächst. Meiner Meinung nach sollten Anhänger dieser Praxis lieber ein- oder zweimal Gelegenheit erhalten, Löwen oder Tiger abzurichten.

Zeit, Geduld, Konsequenz

Wer eine Beziehung zu einem Tier aufbauen will, kommt nicht darum herum, Zeit mit ihm zu verbringen. Es muß nicht sehr viel Zeit sein, die Sie mit Ihrem Pferd verbringen, aber die Zeit muß ausschließlich dem Pferd gewidmet sein. Keiner von uns kann soviel Zeit mit seinem Pferd verbringen, wie er gern möchte, aber eine gesunde Arbeitsbeziehung hängt weniger von der Länge der Zeit ab als vielmehr von ihrer Qualität. Denken

Sie daran: Wenn Sie Ihrem Pferd kein gutes Benehmen beibringen, lernt es schlechtes. Wenn Sie sich aufrichtig eine gute Beziehung zu Ihrem Pferd wünschen, spiegelt sich das in Ihren Handlungen wider. Hört sich eine bessere Beziehung für Sie dagegen zwar ganz gut an, Sie sind aber andererseits auch nicht unzufrieden damit, wie es jetzt läuft, ist Zeit nicht gleich Zeit. Viele der Übungen in diesem Buch erfordern nicht mehr als dreißig Minuten, aber es müssen dreißig Minuten ungeteilter Aufmerksamkeit sein, einzig dem Aufbau der Beziehung gewidmet.

Einfach gesagt: Sie ernten, was Sie gesät haben. Wenn Ihr Pferd irgendwo in Pension steht, zweigen Sie ein- oder zweimal in der Woche eine halbe Stunde ab, die ungeteilt Ihrem Pferd gehört. Auch die einfachsten Übungen in diesem Buch sind dazu geeignet, eine Beziehung aufzubauen, und eine halbe Stunde wirklicher Konzentration, wirklichen Engagements kann so anstrengend sein wie ein Ausritt von drei oder vier Stunden. Wenn Sie jede Woche nur zehn Minuten für eine Übung zum Beziehungstraining

erübrigen können, machen Sie einen Erfolg daraus, indem Sie all Ihre Bemühungen auf das Pferd konzentrieren. Diese zehn Minuten konzentrierter Übung werden Ihnen bessere Ergebnisse bescheren als den meisten Pferdebesitzern ihre modernen Ausbildungsmethoden. Denken Sie daran: Qualität, nicht Quantität!

Waonspekiye, Lehren mit Geduld, bedeutet, daß Sie Ihr Pferd behandeln wie ein Kind mit Lernschwierigkeiten. Wenn Sie in die Ausbildung des Pferdes dasselbe Maß an Verständnis, Rücksicht und Geduld investieren, werden Sie erstaunliche Ergebnisse erzielen. Viele der Techniken, die im Beziehungstraining auf Pferde angewendet werden, sind auch in den Spezialklassen für Schüler mit Lernschwierigkeiten üblich. Dabei handelt es sich um Methoden wie sofortige Belohnung, das Lehren eines Konzepts in vielen kleinen Schritten statt in wenigen großen und den Aufbau jeder Stunde auf den Ergebnissen der vorhergehenden. Geduld ist das, was aus dem einen Pferd einen Champion macht und, falls sie fehlt, aus dem anderen ein Problempferd.

Keine der Übungen hat zum Ziel, dem Pferd beizubringen, wie es etwas tun soll. Das meiste, was ein Reiter von seinem Pferd erwartet, kann das Pferd bereits von Natur aus. Das Ziel ist, dem Pferd beizubringen, Ihre Form der Kommunikation zu verstehen, damit es Ihren Wünschen entsprechen kann. Manche Konzepte wird das Pferd schneller verstehen als andere. Können Sie sich daran erinnern, wie Sie in der Schule ein völlig neues Konzept lernen mußten, vielleicht eine Physikformel oder Algebra? Für die meisten von uns gab es einen Punkt, wo wir sagten: „Jetzt hab' ich's." Bei Pferden ist das ganz ähnlich.

Ich erinnere mich besonders an eine Stute, die mir äußerst dumm vorkam, weil sie den fliegenden Galoppwechsel nicht begriff. Ich arbeitete sechs Wochen mit ihr, und immer noch verstand sie mich kein bißchen. In Freiheit dagegen wechselte sie den Galopp so selbstverständlich, wie sie Wasser trank.

Eines Tages geschah es dann. Während wir an ihrer Fähigkeit arbeiteten, in einer Achterfigur meine physischen Signale richtig zu interpretieren, wechselte sie immer wieder völlig korrekt den Galopp. Ich lobte und belohnte sie sofort und reichlich und erhielt von da an korrekte Galoppwechsel. Als ich abstieg, umarmte ich sie glücklich, und sie sah mich an, als wollte sie sagen: „Wenn das alles war, was du wolltest – warum hast du das nicht gleich gesagt?" Wie immer war es die Unfähigkeit des Menschen, sich verständlich zu machen, nicht die Unfähigkeit des Pferdes, die Aufgabe auszuführen, was diesen speziellen Trainer zur Verzweiflung getrieben hatte.

E li quu [el-EE-koo-oo]
Genug

Die ersten großen Pferdeleute auf diesem Kontinent besaßen nie so etwas wie eine hippologische Enzyklopädie. Die Unterschiede zwischen den nordamerikanischen Stämmen waren so groß, daß es vor zweihundert Jahren noch nicht möglich gewesen wäre, ihre Methoden und Verhaltensweisen zu sammeln und zu registrieren.

Die Gedanken und Übungen in diesem Buch sind das, was ich von den Ältesten verschiedener Stämme gelernt habe. Ich hatte die wunderbare Gelegenheit, kreuz und quer in diesem Land herumzureisen und an den Wochenenden auf Powwows und Festen zu sprechen und Vorstellungen zu geben. Die Woche über lernte ich, was die Ältesten des jeweiligen Stammes mir über Pferde beibringen konnten. Ich wurde mit Pferden groß, und unterwegs (sofern ich kein Pferd dabei hatte) fiel es mir schwer, mich von ihnen fernzuhalten. In welchem Teil des Landes ich mich auch befand, immer konnte ein Stallbesitzer oder ein Freund im Reservat mir sagen, wo die nächste „indianische Autorität in Pferdefragen" zu finden war.

Wir haben allen Grund,
auf die Errungenschaften
unserer Vorfahren stolz zu sein.

O No'Sa

We have reason to glory in the achievements of our ancestors. —O No'Sa

Diesen Autoritäten verdanke ich das meiste, was ich über die alten Methoden im Umgang mit Pferden weiß. Ihnen zuliebe versuche ich sie hier aufzuzeichnen. Ich behaupte nicht, alle Antworten zu kennen, aber einige kenne ich schon. Die meisten Antworten, die ich kenne, betreffen Fragen zur Beziehung Mensch-Pferd. Es ist äußerst wichtig, daß Sie eine gesunde Arbeitsbeziehung herstellen, bevor Sie irgendwelche Ergebnisse zu erreichen versuchen.

Zuerst müssen Sie sich als *itancan* etablieren. Hat Ihr Pferd Sie als *itancan* akzeptiert, müssen Sie Ihre Position auf einer regulären, routinemäßigen Basis verstärken. Sie müssen bei jeder neuen Übung konsequent bleiben. Fangen Sie keine Übung an, bei der Sie weniger Führerqualitäten besitzen als Ihr Pferd. Wenn Sie sich selbst etwas nicht zutrauen, verlangen Sie nicht von Ihrem Pferd, daß es Ihnen folgt.

Ich hoffe, daß dieses Buch einige Samenkörner gelegt hat, aus denen Bewußtheit und Inspiration sprießen, und daß die Übungen Ihnen eine Hilfe sind. Ich werde weiter lernen, solange es dem Schöpfer gefällt, und ich werde das Wissen der ersten großen Reiter dieses Kontinents an Sie weitergeben.

Die Übungen in diesem Buch sind nicht schwer und befassen sich mehr mit dem Grundsätzlichen, weil es schwer ist, konsequent zu sein, wenn man an etwas arbeitet, das man selbst nicht gut beherrscht. Es ist viel einfacher, konsequent an Halten und Antreten zu arbeiten als an Spins und Hinlegen. Gehen Sie nicht über die Basisübungen hinaus, solange Ihre Trainingstechniken nicht so ausgefeilt sind, daß sie schwierigere Übungen rechtfertigen. Wenn Sie manche Dinge, selbst Kleinigkeiten, jedes Mal anders machen, wenn Sie mit Ihrem Pferd arbeiten, senden Sie gemischte Signale aus, und die Verständigung klappt nicht mehr. In der Arbeit mit Pferden ist Konsequenz von größter Bedeutung. Ohne Konsequenz kommen Sie nirgendwohin.

I feel

glad

as the ponies do

when the

fresh green grass starts

in the

beginning of

Zum Abschluss

Daß unsere Pfade sich kreuzten, war kein Versehen. Auch wenn unsere Großmütter nicht wissen konnten, welche Blumen wir pflücken oder über welche Steine wir stolpern würden, unser Schöpfer wußte es. Er kannte den Baum, der uns Schatten geben und den See, in dem unser Haar naß werden würde. Der Schöpfer kannte den Hund, der uns das Gesicht lecken würde.

Ich bin jung und weiß noch nicht viel, aber das weiß ich – daß unsere Pfade sich kreuzten, war kein Versehen. Es bedurfte vieler Kriege und großen Blutvergießens, damit wir uns treffen konnten. Unsere Großmütter und deren Großmütter mußten großen Schmerz ertragen, viele Tränen vergießen und viele Male im Wald nach ihren Kindern rufen, damit unsere Pfade sich kreuzten. Unsere Großväter wanderten viele Meilen, so viele Meilen. Sie beteten und träumten, damit wir uns trafen. Die Truthähne kollerten im Frühling, und die Krähen tanzten auf dem Herbstwind, damit wir miteinander sprechen können. Auch wenn es hungerte und fror, gab das Volk nicht auf, damit wir zusammen sein können. Sie kannten uns nicht, aber sie gingen vorwärts uns zuliebe. Und das kleine Volk machte seine Sache gut. Es legte die Stöcke und Steine und Federn an die richtigen Stellen, damit wir sie finden konnten, damit wir nachdenken und beten und träumen können.

Und so treffen wir uns, nach vielen Jahren und vielen Kriegen und vielen Großmüttern. Und du fragst: „Wer bist du?“ Ich bin dein Bruder. Der, für den deine Großmutter starb und für den viele Kämpfe gefochten

Ich erfreue mich im Frühjahr
am frischen grünen Gras,
wie es die Pferde tun.

Zehn Bären

the year.

—Ten Bears

wurden. Ich bin der, der von so vielen Stöcken, Steinen und Federn zu dir geführt wurde. Ich bin der, der wandern und weinen und beten und kämpfen wird, damit sie sich treffen.

Und immer noch fragst du: „Wer bist du? Ich kenne dich nicht.“ Ich bin der, der geboren wurde und aufgewachsen ist, damit unsere Pfade sich kreuzen. Ich bin der, der fischen lernte und jagen und der weinte bei seiner Schwester Beerdigung, damit wir miteinander sprechen können. Und immer noch erkennst du mich nicht. Vielleicht habe ich mich geirrt. Vielleicht haben sie sich geirrt. Vielleicht sollten wir uns nicht zulächeln und uns grüßen, wenn wir uns begegnen. Vielleicht gab es all die Kriege und Gebete und Träume und Tränen nicht deshalb, damit wir uns treffen.

Aber meine Großeltern sprachen von dir, und sie waren Menschen von Ehre. Sie hätten all diese Kriege und Gebete und Träume und Tränen nicht vergeudet, wenn wir uns nicht hätten treffen sollen. Sie wußten nicht, welche Blumen wir pflücken oder über welche Steine wir stolpern würden, aber sie wußten, daß unsere Pfade sich kreuzen würden. Ich bin jung und weiß nicht viel, aber das weiß ich – daß unsere Pfade sich kreuzten, war kein Versehen.

Die Steine erkennen nicht immer das Wasser, das über sie wegrauscht, aber sie wissen, daß es kein Versehen ist. Es hat einen Grund, daß unsere Pfade sich kreuzten, einen Grund, den der Schöpfer kennt. Es ist nun an uns herauszufinden, warum, und das unsere dazu zu tun, damit ihre Pfade sich ebenfalls kreuzen. Das weiß ich.

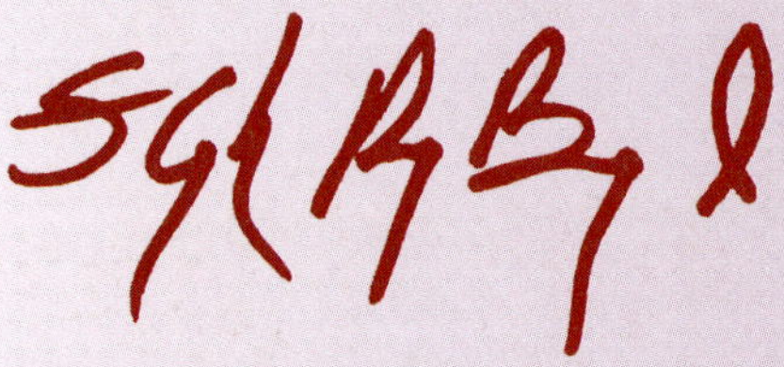

Zum Weiterlesen

Wilfried Bach, Das Tao des Reitens, Stuttgart 1998

Christiane Gohl, Im Namen der Pferde, Stuttgart 1997

Klaus Ferdinand Hempfling, Mit Pferden tanzen, Stuttgart 1993

Klaus Ferdinand Hempfling, Die Botschaft der Pferde, Stuttgart 1995

Klaus Ferdinand Hempfling, Frau und Pferd, Stuttgart 1999

Antje Holtappel, Go West, Westernreiten, Stuttgart 1996

Monika Krämer, Pferde erfolgreich motivieren, Stuttgart 1998

Bob Mayhew, John Birdsall, Die Kunst des Westernreitens, Stuttgart 1992

Andrea Pabel, Hauke Kock, Wilde Mustangs, Kühne Reiter, Die Pferde der Indianer, Stuttgart 1997

Mark Rashid, Der auf die Pferde hört, Stuttgart 1998

Michael Schäfer, Die Sprache des Pferdes, Stuttgart 1993

Linda Tellington-Jones, Die Persönlichkeit Ihres Pferdes, Stuttgart 1995

Linda Tellington-Jones, Die Linda Tellington-Jones Reitschule, Stuttgart 1996

Linda Tellington-Jones, Der neue Weg im Umgang mit Tieren, Die Tellington TTouch-Methode, Stuttgart 1993

Klaus Zeeb, Die Natur des Pferdes, Stuttgart 1998